华夏文库·儒学书系

走进魏晋

玄学面面观

冯祖贻 著

大地传媒　中州古籍出版社

《华夏文库》发凡

毫无疑问，每一个时代都有属于自己时代的精神追求、文化叩问与出版理想。我们不禁要问，在 21 世纪初叶，在全球文明交融的今天，在信息文明的发轫初期，作为一个中国出版人，我们正在或者将要追求什么？我们能够成就或奉献什么？我们以何种方式参与全球化时代的文化传播进程？在一连串的追问下，于是，有了这套《华夏文库》的出版。

自信才能交融。世界各大文明在坚守自身文化个性的同时，不约而同地加快了探视其他文化精神内涵的步伐，世界不同文明正在朝着了解、交流、碰撞、借鉴与融合的方向前进。在此背景下，建立自身的文化自信，正是与世界各文明民族进行文化交流的基本要求。五千年中华文明与文化正在不断地被其他文明所发现、所挖掘、所认知，汉语言正在生长为世界语言，儒文化正在世界各地生根发芽。

借助这样一种正在成长着的文化自信、自觉、开放、亲和之力，用我们这个时代的学术眼光全面系统梳理中华五千年的文明与文化，向其他各大文明与文化圈正面展示自我，让中华优秀文化成为世界文化的重要组成部分，正是我们出版这套文库的目的之一。此其一。

知己才能知彼。身处五千年文化浸润的今天，重新思考我们先人的人生思考、价值思考与哲学思考，找到一个民族、一个国家的价值所在、立命所在、安身所在，这已经是我们这个时代的学人与出版人不得不再思考的问题。作为中华文明的一分子，我们在思考的同时，还必须了解我们的先人创造了如何优秀的精神文明与物质文明以及社会文明。只有熟知自己的文化、热爱自己的文化、悟明自己的文化，我们才能宣说自己、弘扬自己、光大自己。因此，我们策划组织这套《华夏文库》的初衷，还在于让当下的知识青年全面系统瞭望中华文明与文化的全景，并借此能够对更为深广的世界各民族文化提供一个比较认知的基础。此其二。

顺势才能有为。我们正处在农耕文明、工业文明、信息文明的交汇处，信息文明带领我们从读纸时代进入读屏时代，以智能手机屏幕为代表的书籍呈现方式正在与纸质书籍争夺阅读时间与空间。我们正在领悟数字技术，正在以信息文明的视角，去整理、分析和研究农耕文明与工业文明的文化遗产，不仅仅是为了唤醒优秀的传统文化，我们还在生发和原创着当今时代的文化。由此，我们试图架起一座桥梁——由纸质呈现而数字呈现，由数字呈现而纸质呈现，以多媒介的书籍呈现方式，将文字、图像、声音与视频四者结合，共同筑成《华夏文库》以奉献给信息文明时代的新读者。此其三。

总之，这是一套——专家大家名家写小书；以最小的阅读单元，原创撰写中华精神文化、物质文化与社会文明系列主题与专题；以图文、音视频多媒介呈现的方式，全面介绍与传播中华文明与优秀文化，系统普及与推介中华文明与文化知识；主旨是为了让世界与中国共同了解中国的——大型丛书，借此，复兴文化，唤起精神，融入世界。

耿相新
2013 年 6 月 27 日

目录

引言　玄学之"玄" …………………………………… 1

一　魏晋玄学兴起的历史背景

  1　名教危机 ……………………………………… 6
  2　儒士的人格觉醒 ……………………………… 12
  3　从清议到清谈 ………………………………… 18

二　魏晋玄学的四个时期

  1　正始玄学与何晏、王弼的"贵无论" ………… 27
  2　竹林玄学与嵇康、阮籍的
    "越名教而任自然" …………………………… 33

  3 元康玄学与裴𫖲的"崇有论"、
    郭象的"独化论" ································ 45

  4 东晋、南朝的玄学与儒、佛、道的关系 ········· 53

三 魏晋玄学与一代儒士的价值取向

  1 以隐逸、清高相标榜的社会风气················ 65
  2 以自然、真情为最高的精神追求················ 71
  3 新的美学观及其在文学、艺术上的贡献 ········· 81
  4 走向反面 ·································· 91

结语 简释"清谈误国" ······························ 98

小知识目录

三玄	4
八王之乱	11
永嘉之乱	11
《世说新语》	25
《老子注》	32
《广陵散》	44
《庄子注》	52
口中雌黄	52
淝水之战	63
同泰舍身	63
虎溪三笑	63
璧人卫玠	80
兰亭修禊	80
道韫咏雪	80
恺之三绝	90

引言

玄学之"玄"

玄学是什么？要从"玄"字的本义说起。玄，有其色黝然，不可分别、测知，极为深远之意。《老子》第一章，便以"玄"来解释"有""无"之间的哲学意蕴："无，名天地之始；有，名万物之母……此两者同出而异名，同谓之玄。玄之又玄，众妙之门。"因此，探求宇宙万物的本体（如"有无""本末""名教与自然"等）关系的学问，便叫玄学。玄学的特质就是研究的对象是幽深的、似不可及的道理，所以它是"玄之又玄"的，然而却是宇宙万物的根本，是"众妙之门"。

玄学与过去的哲学不同，魏晋之前，探求宇宙构成是从物理学入手的，如天、地、气等，玄学不然，正如汤用彤先生所说："及至魏晋乃常能弃物理之寻求，进而为本体之体会。"这个"本体"就是"无"，认为万物都是从无开始的，有生于无。玄学不执着实物，凡阴阳五行及象数之谈，均废置不用，完全是一种纯玄学之讨论。汤先生将其概括为一句话："夫玄学者，乃本体之学。为本末有无之辨。"可谓一语中的。

玄学既是讲求本末有无的，将之简单地归之于传统的儒家或道家范畴便失偏颇；从思想史角度，将玄学称之为中古时中国特有的思想流派或哲学思潮，或比较恰当。

玄学讲本末有无，最适合的谈资便是儒家重要典籍《周易》，因为《周易》是玄远、深邃的学问。《老子》则因为"合于《易》之损、谦、艮、节之旨"（裴頠《崇有论》），《庄子》则因为它"知本"即知"道"（郭象《庄子注·序》），都符合玄学的宗旨，所以玄学家们常将《周易》《老子》《庄子》合称"三玄"，是清谈家讲玄学最重要的资料。

有的学者因玄学家谈资中有《老子》《庄子》，便将玄学归之于道家，这并不妥当。以玄学开创者何晏、王弼为例，王、何虽引述《老子》《庄子》，但何却写了《论语集解》，王写了《周易注》。前者"集诸家训诂之善者，义有不安，辄改易之"，立论极为平实；后者则用《老子》《庄子》来解释《周易》，摒弃了汉代经学五天帝主宰的神秘宇宙观。两人都称得上儒学功臣，所以钱穆先生称何、王的玄学为"魏晋时的新儒学"，是有道理的。即便是到了阮籍、嵇康时期，老庄地位已被抬高，嵇康还说过"非汤武而薄周孔"之类的话，但他们并非一味反名教，他们反对的是伪名教，并未越出儒家范围。玄学发展到向秀、郭象时，向提出"以儒道为一"，郭讲"名教即自然"，明显是调和儒、道，力纠之前玄学分割名教与自然的倾向，这是玄学一大转机。到了东晋，玄学承正始、元康余风在发展，南朝宋时，玄学还被官方列为"四学"（即儒、玄、史、文）之一，但儒学也在作自我调整，"缘情制礼""情礼俱到"成为世风，玄学家深通礼制，礼学家兼注"三玄"为社会惯见，于是出现了大量礼玄双修、玄礼合流的人物。

回顾魏晋玄学的发展进程，我们不难看出，从儒、道两家的升降起伏来观察玄学，玄学不过是儒学发展的一个历史阶段，道家在其间流行且地位抬升，但最终还是汇入儒学洪流之中。由于以道释儒的结果，原来的儒家思想反倒更加丰富了。上述何著《论语集解》、王著《周易注》都被收入《十三经注疏》，为后世儒家尊崇，就是明证。

玄学流行于世时，正值佛教进入中国后获得发展的时期，这一现象被后人误解，认为玄学正彷徨时，佛教便成了玄学的归宿。梁启超的《中国佛法兴衰沿革说略》便持这一看法。经研究，此说并无根据。正确的看法是："玄学是从中华固有学术自然的演进，从过去思想中随时演出'新义'，渐成系统，玄学与印度佛教在理论上没有必然联系，易言之，佛教非玄学生长之正因，反之，佛教倒是先受玄学洗礼。"（汤用彤《魏晋思想的发展》）

玄学兴盛时，源起于东汉末年的本土宗教道教也在发展。佛、道两教在这时发展的历史根源，在于汉末至魏晋，战乱频仍，人民生命朝不保夕，宗教为之提供了精神庇护。道教与道家名称虽同为"道"，但实质不同，道家是思想流派，道教是宗教。道教不过是借用了《老子》《庄子》（在道教那里一称《道德真经》，一称《南华真经》）作理论基础，并将之奉为教主、真人。佛教僧侣与道士都谈玄，成为东晋、南朝朝野奇观。

一个时代的代表思想，往往是那个时代统治者的思想。魏晋南北朝的统治阶级是门阀世族，玄学便打上了门阀世族的烙印，这是不容回避的事实。玄学还与这时发达的庄园经济有关，玄学家们终日谈玄理，寄情山水，既有钱，又有闲，如若不是大大小小的庄园主，如何能过这样优游自在的生活？这同样也是不容争辩的事实。如果说，我们过去在魏晋玄学的总体评价上，曾有过过于政治化的倾向，那么今天我们在谈魏晋玄学时，也不应忽略这些事实吧。

小知识◎三玄

　　魏晋时，玄学家都以《周易》《老子》《庄子》三书作为清谈谈资，合称"三玄"。"三玄"这一说法，最早见于颜之推的《颜氏家训》。

一 魏晋玄学兴起的历史背景

　　一个时代某种思潮的兴起并逐渐成为时代的主流，必然是这股思潮适应了时代的需要，回答了这个时代提出的众多问题。魏晋玄学从勃兴、发展到成为魏晋南北朝的主导思想，也经历了这一过程。这个过程时间跨度很大，它的起点应上溯至东汉末年。

1. 名教危机

中国封建社会从2世纪中叶开始（东汉桓帝、灵帝统治期间），就进入了动乱年代，先是黄巾大起义，为镇压起义，也为了争夺政权，各地豪强纷纷起兵，统一的东汉王朝被魏、蜀、吴三国取代（220～280年），后由西晋（265～317年）统一，因统治阶级内部争权的"八王之乱"和少数民族起兵的"永嘉之乱"，317年西晋灭亡。皇族司马睿在南北世族拥立下在建康称帝，史称东晋（317～420年），东晋之后有宋、齐、梁、陈四代相继统治南方，史称南朝（420～589年）。

在中国北方，少数民族和汉族先后建立过十六个政权，即五凉（前、后、南、西、北），二赵（前、后），三秦（前、后、西），四燕（前、后、南、北），夏及成汉，史称"五胡十六国"。386年鲜卑族拓跋氏建立北魏，439年统一北方，后分裂为东魏、西魏；东魏为北齐取代，西魏为北周取代。这五代史称北朝。581年隋取代北周，589年隋灭陈，中国才又恢复统一。

整整三个多世纪，中国都处于四分五裂之中。其间每个封建王朝统治都很短暂，战争极为频繁，人民遭受极大苦难，但政权的不断更迭，也使原有的封建统治秩序和统治思想遭到严重打击，从而有利于新思想的产生。

名教危机和儒学地位的下降

从汉武帝"罢黜百家，独尊儒术"以来，儒家思想一直是统治者的正统思想，以封建的礼为核心，按礼的要求，正名分，以维护以天子为最高领袖的大一统国家，所以儒家最重名教，认为其是亘古不变的天理。

东汉末年，这条天理垮塌下来，权臣曹操、曹丕父子逼迫汉献帝禅位，名教中最重要的部分即君臣间的名分瓦解。曹氏因想篡夺政权，并不喜欢儒士，曹操就杀了当时的名士孔融、杨修，他渴求的人才，不管过去是否寡廉鲜耻、盗嫂窃金，只要会谋权便可。西晋傅玄便将儒学的陵替和玄学的产生推至曹氏父子掌权的时候，称"近者魏武好法术，而天下贵刑名，魏文慕通达，而天下贱守节"，以是"虚无放诞之论，盈于朝野"，是有一定道理的。

曹魏的中后期，世族豪强再度得势。司马懿、司马师、司马昭、司马炎等苦心经营，又从曹氏手中夺得政权，

司马懿
司马懿（179～251年），字仲达，河内温县孝敬里（今河南温县招贤镇）人，三国时期魏国杰出的政治家、军事家

他们不过照抄曹氏父子篡汉的老文章，但他们是世族，照例要强调儒学，"忠"字已说不出口，便改提"以孝治天下"。事实证明，他们的"孝"也是假的。晋武帝司马炎死后，帝位传给白痴儿子司马衷，是为惠帝，政权却先后落入外戚杨氏、贾氏手中，引发了司马衷的祖辈、叔辈、堂兄辈为争夺帝位而相互残杀的"八王之乱"，他们不仅不讲君臣名分，连父子、兄弟间的人伦都统统丢到脑后，名教危机已达到极点。

儒学地位下降，还与儒学本身的缺陷有关。汉武帝提倡的儒，本非孔孟创立的儒学，实际上是董仲舒加工过的今文经学。董仲舒将《易》中的阴阳学与战国以来盛行的阴阳五行融合起来，讲究天人感应，灾异占祥，儒学已蒙上了神秘主义的外衣；到东汉，谶纬学流行，儒学已被妖异化。今文经学是靠讲经传授学问的，弟子们按师法再加以传播，称家法。经学经累代传授，便日益烦琐，正如班固《汉书》中说："说五字之文，至于二三万言。"学经的人仍络绎不绝，因五经（《诗》《书》《礼》《易》《春秋》）都设博士，通一经即可授官，"盖禄利之路然也"。儒学已走上神秘化、烦琐化、功利化之路，头脑清醒的人已看出，再如此下去，"靡不审其崩离"。

这时的战乱也给儒学以致命的打击。《后汉书·儒林传序》记下了190年董卓带兵入洛阳，逼汉献帝迁都长安时的一次浩劫：

> 及董卓移都之际，吏民扰乱，自辟雍、东观、兰台、石室、宣明、鸿都诸藏典策文章，竞共剖散。其缣帛图书，大则连为帷盖，小乃制为縢囊。及王允所收而西者，裁七十余乘，道路艰远，复弃其半矣。后长安之乱，一时焚荡，莫不泯灭焉。

文中所说辟雍、东观、兰台、石室等处，不是太学所在，便是皇室图书、文献汇集地，战乱中都化为灰烬，以致曹丕称帝后，想成立太学，20年后，直到曹芳继位，还是没办成；通古礼的，通朝只有几个人；中央官吏中能提笔写文告的不到10人。文化摧残到如此地步，遑论儒学。

诸子学兴盛与道家抬头

儒学的衰微，直接引发了诸子学的兴旺。曹魏时盛极一时的是刑名之学。刑指法家，名指名家，早在先秦，名、法之学便受诸侯国欢迎。所谓"名以检形，形以定名；名以定事，事以检名"。形（刑）名即是两者总称。它讲的是循名责实，做什么官就办什么事。三国时，曹操、诸葛亮都讲究刑名，所谓"魏之初霸，术兼名法"。除名、法两家外，其他各家都有发展。如西晋时有个叫鲁胜的人，写了一部《墨辩》，此时宣传墨家的"兼爱"显然不合时宜，《墨辩》的特点便是兼谈刑名。这时纵横家、兵家都有人讲求，曹操、诸葛亮不仅是刑名家，也通纵横术和兵术，他们的集子里都有不少此类篇章。

各家中，道家的重新抬头更引人注目。西汉初，武帝"独尊儒术"罢黜的主要是道家。从诸子家的关系而言，法家与道家有相通的地方，

曹操
曹操（155～220年），字孟德，小名阿瞒，沛国谯县（今安徽亳州）人，三国时期的政治家、军事家、诗人

刑名讲求"君逸臣劳,君操其名,臣效其形"的御下之术,与道家要求君主"以无为为德,以虚为道","夫惟不争,故天下莫能与之争"是一个道理,讲究名理,最终必然归于无名,因为君道是没有限制的,必须无名,才能掌控天下。就魏晋政权而言,魏中后期,君权已削弱,被曹操打击过的世家大族重新掌权,他们更愿意利用君主无为来扩大自身实力,这便是道家重新抬头的政治背景。《文心雕龙》说:"迄至正始(齐王曹芳年号),务欲守文,何晏之徒,始盛玄论,于是聃周(老子)当路与尼父(孔子)争途矣。"将道家开始与儒家争雄的年代定于正始是很准确的。

小知识◎八王之乱

西晋初，晋武帝大封司马氏子弟为王，使其拥有各地军事实权。武帝死后，惠帝暗弱，惠帝后贾氏为排除武帝后杨氏势力，开始与诸王勾结。先后卷入内部斗争，争夺西晋控制权和帝位的有汝南王亮、楚王玮、赵王伦、齐王冏、成都王颖、长沙王乂、河间王颙、东海王越，共八王。史称"八王之乱"。"八王之乱"前后共16年，严重破坏了经济，并引起少数民族起兵，最终导致西晋灭亡。

◎永嘉之乱

"八王之乱"中，北方少数民族贵族纷纷起兵，以山西北部匈奴族刘渊部最强大，永兴元年（304年），立国号汉。晋怀帝永嘉四年（310年），刘渊死，子聪继位。次年刘聪派石勒大败晋军，俘杀王衍等百官；同年聪又派刘曜攻入洛阳，俘晋怀帝，杀王公百姓3万余人。史称"永嘉之乱"。

2. 儒士的人格觉醒

魏晋玄学的兴起，还与东汉末年儒士的觉醒有关。儒士的人格觉醒有一个过程，即从集体觉醒到个人觉醒。

党锢之祸和儒士的集体觉醒

孔子说："君子不党。"儒家向来将"君子独善其身"作为高尚的道德，他们耻于拉帮结派。东汉末年党锢之祸中，儒士们发现，自己不仅结了"党"（自然是皇帝、宦官横加的罪名），而且进行了集体抗争，表达了共同意志。

东汉自章帝以后，继位的多是小皇帝：和帝10岁继位，安帝13岁继位，顺帝11岁继位，桓帝15岁继位，灵帝11岁继位，朝政大多落入外戚、宦官两大集团手中。如若外戚专政，皇帝年长后便依靠宦官驱逐外戚，反之亦然。外戚要除去宦官，不得不与朝中官僚结成联盟。朝中大官原本就是通过征辟察举而步入朝堂的世族，至少是儒生，他们与州郡儒士有着千丝万缕的联系。东汉末儒士最集中的地方是太学，最盛时，洛阳太学生达30000余人。太学生又与州郡官学生互通声气，朝官与儒士成了另一大势力。

桓帝延熹九年（166年），大官僚李膺、范滂因反对宦官专权，桓帝在宦官指使下，将李膺、范滂等200余人指为党人，下狱治罪。时外戚窦武与太学生交好，面劝桓帝，释党人回家，但却遭终身禁锢，不得入仕。史称第一次党锢之祸。桓帝死，窦武执掌朝政，又结合朝官陈蕃、李膺等，准备杀宦官。168年，宦官杀窦武、陈蕃，大兴党狱，将李膺、范滂等100余人治死罪，禁锢600～700余人，太学生被捕入狱达1000余人。凡党人，五服内亲属及门生故吏，凡有官职者，全部免官禁锢。史称第二次党锢之祸。连续两次党锢之祸，反映了如下问题：

第一，两次党锢之祸，所谓的"党人"都有共同政治目标："剪除阉丑"，即反对宦官专政。《后汉书》这样说："逮桓、灵之间，主荒政谬，国命委于阉寺。士子羞与为伍，故匹夫抗愤，处士横议，遂乃激扬名声，互相题拂，品核公卿，裁量执政，婞直之风，于斯行矣。"从"匹夫抗愤，处士横议"到相互吸引，以为同类，这种结合是非常自然的。范滂入狱，审问的人问他：你们为什么要结党？范滂回答说：孔夫子说

范滂
范滂（137～169年），字孟博，汝南征羌（今河南漯河市郾城区东南）人

郭泰
郭泰（128～169年），又作郭太，字林宗，太原界休（今山西介休）人，东汉名士、太学生领袖

李膺
李膺（110～169年），字元礼，东汉颍川襄城（今河南襄城）人，曾任河南尹、司隶校尉

过"见善如不及，见恶如深汤"，我们是"善善同其清，恶恶同其污"，不知道这就是"结党"。"善善同其清，恶恶同其污"，说明党人的结合是有共同目的、共同语言的。

第二，这时党人及受其影响的儒士数量很庞大，太学是其根据地。桓帝时，抵御匈奴、鲜卑的名将皇甫规受冤屈，太学生300人"诣阙讼之"，其冤得直。太学生领袖郭泰自洛阳返太原，"衣冠诸儒"到黄河边送行，车有千辆。范滂在第一次党锢之祸中被放归家乡汝南，路过南阳时，南阳儒士集会欢迎，车有千辆。一些同情党人主张的朝官去世，亦成为他们集会的好机会。太尉黄琼病故，归葬江夏，四方来会者有六七千人，这种场面也是前所未有的。

第三，这时儒士们还推出了他们心目中的领袖，使其成为儒士的楷模。太学中流传这样的话："天下模楷李元礼，不御强暴陈仲举，天下俊秀王叔茂。"除王畅（字叔茂）以才学见长外，李膺（字元礼）、陈蕃（字仲举）都是与阉党斗争的儒士们的领袖。其中尤以李膺声望最高，儒士们都以得其接见为荣，称"登龙门"。儒士们还给一批名士上称号,有三君、八俊、八顾、八厨之说。

这时儒士中还出现了一个新名词:同志。所谓同志,即是指同气相求、患难与共之人。那时党人间称同志,太学生之间称同志,有共同目标者皆称同志。党锢之祸中儒士间共同意志的出现是以前从来没有的,是儒士人格集体觉醒的标志。

儒士的个人觉醒和儒学简约化

作为儒士的个体,这时也出现了新的变化。

首先,东汉以来,社会上出现了为数不少的特立独行的儒士。《后汉书》作者范晔称这些人"而情迹殊杂,难为条品;片辞特趣,不足区别。措之则事或有遗,载之则贯序无统。以其名体虽殊,而操行俱绝,故总为'独行'篇焉"。这些人或行为特殊,或语言惊人,不好归到某一类去,只好另设一篇称"独行"。独行人士的出现,说明了这些人都具有各自不同的性格,是个人觉醒的信号。

其次,这时的士人对个人名声极为重视,不仅重视生前的名,也重视死后的名。求名之风,固然与东汉的选举制即察举征辟制有关,但此风既盛,求个人名声就有了特殊价值。东汉末许多儒士求名并非一定入仕,陈蕃在桓帝朝曾荐五处士,这五位不是"孝友著闻"便是"苦身修节",名气很大,又有大名士陈蕃举荐,但结果是,五位一个也不应诏,他们因此名声更大。儒士们还关心死后名声,范滂在党锢之祸中被处死,临终前范滂的母亲对范滂说:"汝今得与李、杜(指李膺、杜密)齐名,死亦何恨?既有今名,复求寿考,可兼得乎?"死后尚名与生前求名一样重要。

最后,东汉末年的儒士身上还出现对个人生命重视的倾向。

东汉末年政治的黑暗,使儒士常陷入"凡游帝王者,欲以立身扬名耳,而名不常存,人生易灭"的痛苦选择中。一种消极避世心理出现了,他们不仅要享受当前,而且要在永保生命的愿望中,继续逍遥下去。汉末仲长统的一段话可谓典型:"安神闺房,思老氏之玄虚,呼吸精和,求至人之仿佛……逍遥一世之上,睥睨天地之间,不受当时之责,永保生命之期。如是则可凌霄汉,出宇宙之外矣。岂羡夫入帝王之门哉!"入帝王之门有什么意思?要永保生命,让生命永远延续下去。仲长统的话,与魏晋玄学中人的话几乎没有区别。对老庄的热衷,讲求避世免祸,乃至发现生命的可贵,所有魏晋人的特点,仲长统都已表现出来。范滂为名不惜献身,仲长统不求闻达但要长生,看起来是相反的人生选择,却都是儒士个性觉醒的不同表现。

东汉末年,儒学简约化潮流开启了以道释儒的大门。此时中原战乱,儒士们纷纷寻找安静的角落,刘表盘踞在荆州,一时成为儒学的小中心。史载刘表本人好儒,在荆州曾集中二三百人"开立学官,博求儒士",编订五经章句。他编订的原则是"删划浮辞,芟除烦重",将五经大大简化了,这一学派称"荆州学派"。学派代表人物为宋忠(又作"衷")。宋忠的拿手学问是《周易》和《太玄》(为东汉扬雄所撰),据考订,他曾著《周易注》和《太

聘庞图轴(局部)
明代倪端绘,北京故宫博物院藏。《聘庞图轴》描绘三国时期荆州刺史刘表亲至山林聘请隐士庞德公的故事。该局部绘刘表侍从在院外恭候的情景

玄解诂》（皆不传）。魏晋玄学创始者王弼的祖、父辈都流落荆州，王弼的代表作也是《周易注》，所以说"王弼之家学，上溯荆州，出于宋氏"是有根据的。再看王弼的《周易注》，大大不同于两汉经学家们的注，是"去其比附爻象者"的，可称得上是"删划浮辞，芟除烦重"的。由此可推荆州学派实已开以道释儒的先河。

汤用彤先生将东汉末儒经的简约化与西方14世纪基督教复古运动作比较，认为西方抛弃原烦琐教义，反求《圣经》古文，反映了文艺复兴时期知识阶层的自觉。那么，荆州学派对儒经的简约化、抽象化，也从另一角度说明了那时儒士的自觉。

3. 从清议到清谈

魏晋玄学的兴起既有政治、社会、思想等方面的客观原因，又有儒学本身的缺陷和发展中存在种种问题的主观原因，那么玄学作为一种幽远的思潮，它是依据什么形式、通过什么途径进行议题的论辩和传播的呢？这时推举和选拔人才的特殊方式——清议，为玄学解决了上述问题，而且为玄学的兴盛、发展提供了难得的展示舞台。

东汉的征辟察举和清议

东汉选拔官员的方法是征辟察举制。其程序是先由地方州郡，根据朝廷的标准，对境内士人进行考察，推举出合乎称号的人才，如贤良方正、秀才、孝廉等，推举时还要附上评语，称乡议或乡评。朝廷再根据所考量人才的特点，授予官职，称"征"。地方郡、国也可授官，称"辟"。无论察举和征辟，它的基础都是乡议和乡评。乡议和乡评由地方官和当地名士主持，以是称"清议"。

清议实行既久,也产生了弊端,察举出来的人才,名不符实者极多。举一突出事例。桓帝时,济阴有黄允,以隽才知名当地,曾得到大名士郭泰的赏识。朝中大官袁隗打算将女儿嫁给他,称:"得婿如是,足矣!"黄允知道后,立即将妻子遣回娘家。其妻临行前大会宗亲,当场揭发黄允的隐秘私事15件,黄允真面目才大白于天下。东汉末,此类伪君子很多,民谣说:"举秀才,不知书。察孝行,父别居。寒清素白浊如泥,高第良将怯如鸡。"

汉故雁门太守鲜于君碑
天津武清区兰城遗址出土,天津博物馆藏。碑文内容涉及当时举孝廉入仕的察举制度

曹魏推出"九品中正制",但大致方法仍继承了东汉的乡议,各州郡设中正,中央设大宗正,主持乡议的中正由州郡名士担任,朝中任职官吏,也可到祖籍地任中正,但中正多由世族担任,以致产生"上品无寒门,下品无世族"的后果。总之从东汉到魏,朝廷都关注人才的选拔问题,但往往不能如意。这时刘劭的《人物志》出现了。

《人物志》不是一般鉴别人才的书,刘劭从人的外形、行动、谈话,一直追溯到人的内心即才性,目的是使选人者能识别人才,人才也要能名至实归,说它是一部形名学的书也不为过。但值得注意的是,它从品鉴人物这个主题出发,已涉及比较抽象的玄理。如讨论君德,就公开讲"老子以无为为德";讲立身,就引老子"夫惟不争,故天下莫能与之争"。要人们做到"不伐者,伐之也。不争者,争之也。

一 魏晋玄学兴起的历史背景

让敌者，胜之也。下众者，上之也"。完全是道家语言。所以《人物志》的出现，是魏晋玄学的雏形。

原本清议是非常具体的，主持清议的人也很具体，州郡由名士、中正或地方官主持。但后来清议逐渐抽象化、玄理化，主持清议的也不再限于某名士、某中正，有的名士一月或十天品评一次，称"月旦评"，被品评的人就会声名鹊起。《三国演义》写曹操早年名气不大，有人建议他去找主持月旦评的许劭，许劭不搭理他，曹操便使出了胁迫手段，许劭对其说出"子，清平之奸贼，乱世之英雄"的评价，曹操听罢，大喜而去。这个故事，至少证实了清议在品鉴人物上已失去原来的作用和意义，语言也日益抽象化。正始年间，曹爽的弟弟曹羲就很不满意，认为清议原本就是臧否人物的，现在已远离了实际，以致赏罚也进行不下去了，这样下去很危险。由议论实事，转而抽象化、玄理化，清议就转而为清谈。

清谈的内容和形式

清谈的内容有哪些？

首先，才与性的问题。这实质上是从形名学的循名责实发展而来的，不过更加玄理化了。原本性与才的区别是指人的操行与能力、道德与才智的区别，也可进一步推至如何看待人的禀赋（性）与外在表现（才）的问题。东汉末年王允的《论衡》、魏初刘劭的《人物志》都谈到这个问题，到钟会，提出了才性同异，有才性同、才性异、才性合、才性离，称"四本论"，才性论才大行于世。钟会的"四本论"涉及人的天性、本质与外在表现等诸多问题，进而可推到什么样的人能做到内外一致，什么样的人做不到，原因在哪里，于是圣人、君子之德，乃至是否合乎天道诸抽象的玄理便可大加讨论，以是两晋以后的清谈家无不关心这个议题。《世说新语》就记载了不少有关"才性论"的清谈。

东晋的大名士殷浩就以"四本论"为玄学界看重。一次相王（简文帝）约殷浩与支道林清谈，事先相王告诉支：殷的专长是才性，你谈时千万避开此题，而反复辩难四次后，不知不觉支道林便堕入殷浩的"四本论"，其结果可想而知。事后相王对支道林说："四本论"为殷浩的专门学问，你怎么能与他

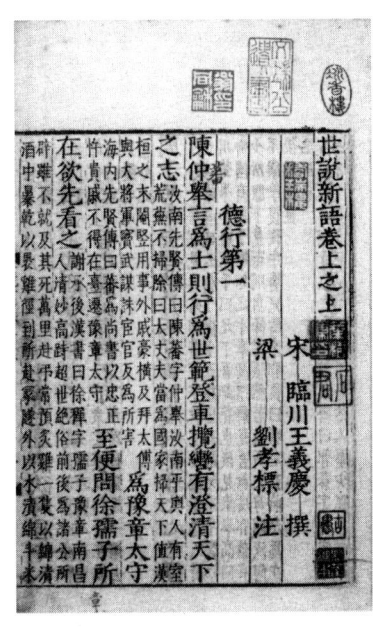

明刻本《世说新语》
南朝宋刘义庆编纂

争锋呢？又有殷仲堪，此人学问高，清谈中的论题无不精通，可惜不懂"四本论"，他曾叹息，假如他懂了"四本论"，清谈时就如虎添翼了。到南齐，"四本论"仍是清谈中必选的题目。王僧虔的《诫子书》说："才性四本，声无哀乐皆言家口实，如客至之有设也。"可见此类议题已到客至必设的地步。

其次，"三玄"中涉及的问题，这是玄学的基本问题。由于"三玄"涉及面广，清谈家往往抓住其中一个小题目展开，如有与无的问题、一与多的问题、圣人有情无情的问题、言意之辩的问题等都曾是热门议题。

《世说新语》记东晋时会稽王司马昱家的一次清谈，讨论的问题便是"易象妙于见形"，先由孙盛发言，孙意气飞扬，满座名士虽不

王导
王导（276～339年），字茂弘，琅邪临沂（今山东临沂）人，东晋大臣

同意他的意见，但始终不能让孙屈服。会稽王便请另一位大名士刘惔到场，两百多句话，问得孙理屈词穷。还有一次王羲之遇见支道林，王起初看不起支道林，谁知支道林论《庄子·逍遥游》数千言的话，让王羲之佩服不已。另有记专谈《庄子·齐物论》的，专谈《易经》以何为体的。《老子》亦是清谈家的谈资，殷仲堪便说，三天不读《道德经》，便觉得舌头都僵了。

前辈玄学家所发展的玄学议题，亦为后世清谈家所承袭。如王导"止道声无哀乐、养生、言尽意三理而已"。"声无哀乐""养生"是嵇康做过的题目，"言尽意"是欧阳建做过的题目。

再次，佛经亦是此时清谈的对象。值得注意的是，此时佛教名僧往往与清谈家同座，共同辨析佛经中的玄理。如僧伽提婆在王珣家讲《阿毗昙》，在场有王僧弥；殷浩精通佛经，只有数处未通，请教僧人才明白等。

最后，其他问题。清谈涉及的问题极为广泛，《世说新语》记录了西晋时洛水边的一次盛会，会后尚书令乐广问名士王衍："今天聚会一定很快乐吧！"王衍回答说："裴頠专讲名理，像泉水一样滔滔不绝；张华专讲《史记》《汉书》，娓娓动听；我跟王戎发明延陵季子和张良思想中的玄理也是无人可及的。"仅一次清谈就包含了三方面内容。《世说新语》还记载了许多清谈片段，有专讲文章诗赋的，可谓洋洋大观。

清谈还讲究一定的形式和方法。清谈有两种：随机性的和正式的。随机性的是双方相遇，便可就某一议题清谈起来。正式的清谈就讲究得多。一般有"通""难"两方。先由"通"方谈自己对某议题的意见，"难"方就此提出诘辩，一个议题往往经过几番讨论，方可分出胜负，也有不讲胜负的，只要"通""难"双方将道理说完了，得到听众欢迎，便可结束。参加清谈的人一般身穿宽衣博带，手握一柄麈尾（麈，鹿类，其尾可以做拂尘，故称麈尾），以助谈兴，"通""难"双方及听众都席地（当时还未有椅）或踞床（比今天的床矮，主要供坐，也可卧）而坐，态度是谦恭有礼的，都要仔细倾听双方意见。

《世说新语》便记录了一次在王导家的清谈：此次清谈参加者除王导外还有桓温、殷浩、谢尚、王蒙、王述。王导先解下帐上的麈尾称今晚要与殷浩"共谈析理"，清谈从入夜谈至三更，"丞相与浩共相往反"，谈到"彼我相尽"，尽管"未知原理所归，至于辞喻不相负"，双方只交了个平手。王导却很高兴地说："正始之音，正当尔耳。"但有时清谈也会闹个不可开交。同书又记录了另一次清谈：孙安国（孙盛）往殷渊源（殷浩）处共论，往返精苦，客主无间。左右进食，冷而复暖者数四。彼我奋掷麈尾，悉

王猛见桓温

出自清代马骀《古今人物画谱》。描绘的是东晋桓温北伐入关后，王猛着破衫拜见桓温，扪虱而谈天下事的情形。王猛后为前秦苻坚所用

脱落，满餐饭中。宾主遂至忘食。殷乃语孙曰："卿莫作强口马，我当穿卿鼻。"孙曰："卿不见决鼻牛，人当穿卿颊。"

清谈能使某些清贫无名的儒士一下成名。有一位叫张凭的下层儒士，去拜会大名士刘惔，刘惔不理他，处之下座。这时一位清谈家来找刘惔，客人讲理不通，张凭在座发言，"言约旨远"，一时举座大惊，刘惔即刻请张凭上座，又约他谈了一天。第二天刘惔带张去见抚军（简文帝），称"我给您推荐一位太常博士"。张凭由是青云直上。

清谈有这么大的功用，因此，从魏晋到南朝，天下读书人无不崇尚清谈，而且讲究清谈技巧，以博高名。魏晋人生性懒惰，认为著书是苦事，只有清谈才是人间乐事，因此，清谈便成玄学或玄学的代名词。据说《庄子·逍遥游》自向秀、郭象作注以后，没有哪位玄学家再出新意了。一次支道林与冯怀在白马寺（此为建康白马寺）中清谈，"支卓然标新理于二家之表，立异义于众贤之外"，都是玄学家们苦苦探索而不得的道理，"后遂用支理"。清谈不仅成为玄学载体，而且起到了推动玄学向前发展的作用。

小知识◎《世说新语》

　　《世说新语》，我国古代"笔记小说"的代表作。是由南朝宋临川王刘义庆组织一批文人编写的。全书共36篇，1130则。记载了东汉末年到刘宋初约200年间的人物故事，文笔典雅生动，保存了大量史料。此时正值魏晋玄学发生、发展期，此书遂为研究魏晋玄学不可缺少的参考书。梁刘孝标为本书作了注，刘孝标的注对原书进行纠谬、补充，史料价值同样很高。

二 魏晋玄学的四个时期

魏晋玄学与中国历史上任何一种思想一样，都有它的发生、发展、兴盛到衰退的过程。学术界按魏晋玄学流行过程的特点进行分期，向来有三分法和四分法之说。三分法和四分法的不同之处在于是否将东晋、南朝单列为一期，称第四期。现学术界大多数人，同意第四期的存在。另外，前三期中对个别玄学家如向秀列入第二期或是第三期也略有不同，我们也根据大多数人的意见，将其列入了第二期（竹林玄学），而非第三期（元康玄学）。

1. 正始玄学与何晏、王弼的"贵无论"

正始（240～249年）是魏齐王曹芳在位的年号。这时的玄学出现了领军人物：何晏与王弼。玄学的核心命题——本末有无之辨也由他们提出并完成了全部思辨过程，从而确立了以"无"为本的本体论。

此时曹魏政权已建立20年，曹操手下任用的武人、谋士，不管其原来出身如何，都已成为新豪门，他们与累世业儒的旧豪门尽管有矛盾，但在扩大权势、削弱皇权上并无不同。道家宣传的那套君主无为而治，是最符合他们利益的，不仅得到曹爽那样的曹氏权贵欢迎，旧豪门代表司马懿的儿子司马师、司马昭也不反对。

何晏的"无名论"

何晏（207？～249年），字平叔，南阳宛县（今河南南阳）人，他是东汉末外戚何进的孙子。少年时曾被曹操收养，后娶曹操女金乡公主，是曹氏戚属。他早年喜读《老子》《庄子》，以才学容貌闻名，但不被文帝（曹丕）、明帝（曹叡）信任。明帝死，齐王登基，曹爽辅政，曹爽本人喜欢清谈，何晏方得信任。何晏曾任尚书，专管选拔人才，人称其时，"内外之众职各得其才，粲然之美于斯可观"。何晏是精通选人之术的，可见早期玄学与形名之学是有联系的。

何晏的著作，一是《论语集解》，今存；二是两篇文章：《道论》和《无名论》（又称《德论》），两篇均佚，但有片段保存下来，他的玄学思想，主要体现在这两篇文章中。

何晏的玄学思想要点有：

第一，根据《老子》中的学说，他提出了天地万物以"无"为本的玄学主题。所谓"有之为有，恃无以生，事而为事，由无以成"，万物是有的，但"有"始于"无"。

第二，万事万物均为"无"，那么"道"也是无名的。"道之而无语，名之而无名，视之而无形，听之而无声，则道之全焉。""道"是一种抽象的、无感觉的东西，却能囊括一切东西，如音响、光影、黑白、方圆。

第三，以圣人虽"名无名，誉无誉"，却具有天下最大的名誉为例，说明"无名为道，名誉最大"；又以自然的阴阳为例，说明阴可阴一切天下之阴，阳可阳一切天下之阳，是永存的（这里的阴、阳均为抽象的），进一步论证"无名"是普遍存在的"道"，道又是无的，所以"夫唯无，故得遍天下之名名之，然岂其名也哉"？

何晏的"无名论"，是从认识论上讲明了"无名"的原则和方法，但不完备。在体用一致上并不能做到真正的"无名"。如何晏仍信占卜术，他曾请管辂为他占卜前程，并未完全摆脱汉代神学的宇宙观；另外何晏主"圣人无情说"，尽管可以将圣人抬得很高，却矛盾重重，不如王弼。王弼主"圣人有情说"，认为圣人"同于人类者五情也"，不过这个"情"是"应物无累于物"的，就比何晏讲得圆融，且合乎情理。

《论语集解》不是何晏一人所著，但他是主导人物。他自称此书"集以前诸家之善而存之"，有些地方"颇为改易"。这个"改易"量不大，约占全书十分之一。近代经学家吴承仕便认为何晏的集解，"标玄儒之远致"，这是指何晏"改易"，有玄学家的话，也有道家的话，反映何晏"援道入儒"的立场；又指何晏"不守故常"，颠覆了两汉今文经学的烦琐、天人感应的神化及陈陈相因的"家法"桎梏。这确为何晏集解的特点。至于汉代诸家注《论语》的精粹，赖此书而得以保存，更是儒学的功臣。

王弼的"以无为本"——名教出于自然

将何晏提出的本末有无之辨进一步完善的是王弼。

王弼（226～249年），字辅嗣，山阳（今河南焦作）人，生于荆州，为刘表外甥王业之子。他自幼受到"荆州学派"影响，入中原后，极得何晏欣赏，并推荐给曹爽，曹爽却不感兴趣，王弼便致力于著述、清谈。他的著作有《老子注》《周易注》，均流传于今。

王弼的玄学思想主要有以下三点：

第一，将玄学命题"以无为本"发挥到极致，认为不仅本体上是"无"，在功能上也是"以无为用"的。他以房屋、器皿为例，认为它们之所以有用，就是因为它们是空的，空即虚，虚即无。"无"从境界言，它又与"道"同体。于是，王弼通过"以无为本""以无为用""与道同体"三方面为玄学构建了一个完整体系。因此，人称王弼的玄学是魏晋玄学诞生的标志。

第二，提出了"得意忘言"的玄学基本方法。王弼作《周易注》，认为卦象是圣人观察事物的结果，圣人将自己的意思表达出来，才产生了"象"。所以言生于象，象生于意，意才是根本的，如果只见"象"不见"意"，必然导致错误解释。正确的做法是"得意忘言"，最重要的是要理解圣人之意。

第三，针对魏时社会的乱象，王弼提出了"名教出于自然"。王弼认为事物有"本"有"末"，"本"就是"道"，就是"自然"。要解决社会问题要"崇本息末"，返璞归真，归于无为，顺其自然。这是完全符合新、旧豪门利益的。

正始名士与正始玄风

以何晏、王弼为代表的正始玄学名士，还包括周围的人，著名的有夏侯玄、裴徽、傅嘏、钟会、荀粲、管辂、邓飏等。这些人统称正始名士，由这些人发出正始之音或称正始玄风。

正始玄风有以下几个特点：

第一，正始名士中的人物，大多为少年便获盛名，后世称他们为"浮华少年"。如何晏少以才秀知名，7岁明惠若神；王弼幼而察惠，10岁通辨能言；夏侯玄少知名，弱冠即官；傅嘏弱冠知名；管辂号神童；钟会少敏慧夙成，5岁即知名。他们聪明、好学、早慧，魏晋时的名教衰微、儒学陵替，很易引起他们对现实的不满，也很易激发他们去探寻新思想，玄学首先在他们身上滋生。

第二，就玄学理论的贡献而论，王弼要超过何晏，但何晏地位显要，便理所当然成为正始玄风的领袖。正始年间几次大型清谈活动，何晏都是领导人物，"晏能清言，而当时权势，天下谈士多宗尚之"，说的就是这一情景。洛阳自然成为正始玄风的中心。裴徽任冀州刺史，发现精通《易经》的管辂，管举秀才后，特推荐其赴洛阳专门跟何晏谈《易经》，"辂为何晏所请，果其论《易》九事，九事皆明"，大得何晏赏识。

第三，正始名士清谈的主要内容，多集中在《易经》《老子》中，如"贵无""本末"等。《晋书·王衍传》说："魏正始中，何晏、王弼等祖述老、庄，立论以天地万物皆以'无'为本，'无'也者，开物成务，无往不存者也。"说正始中"祖述老、庄"恐有误，此时庄子还没有赢得与老子并肩的地位。正始中人引述老子的同时，很重视孔子的地位。《世说新语·文学》载裴徽与王弼的一段对话，可以证明：王辅嗣弱冠诣裴徽，徽问曰："夫无者，诚万物之所资，圣人莫肯致言，而老子申之无已，何邪？"弼曰："圣人体无又不可以训，故言必及有；老、庄未免于有，恒训其所不足。"裴徽坚持"贵无"，但怀疑孔子（圣人）为什么不讲"无"。王弼的回答是：因为"无"不足以为训，所以多讲"有"；老子、庄子虽知道"有"的道理，但为了补充孔子的不足，才大讲"无"。王弼的回答尊重孔子（称圣人），明白讲老子之道不过是补充圣人的不足，其会通儒道之义相当明显。

第四，从哲学高度看，正始玄学是存在缺陷的。何晏、王弼的"无"只是理念的、抽象的"无"，而非实在的"无"。从具体事务观察，它必然是"有"，这是中外哲学史上普遍存在的问题。按逻辑发展，顺着抽象"无"的方向发展，必然进而走向追求人的精神自由解放，如竹林玄学；顺着实在事物的方向发展，也必然会走向"崇有论"。所以正始玄学开启了以后玄学发展的道路。

二　魏晋玄学的四个时期

小知识◎《老子注》

《老子》,道家的主要经典,又称《道德经》,传为老子所著。历代为《老子》作注的不计其数。对《老子》进行了玄学本体论解释的是王弼所作的《老子注》。

2. 竹林玄学与嵇康、阮籍的
"越名教而任自然"

从时间上看,竹林玄学紧接着正始玄学,以至后世常将竹林玄学归之正始之音;其实两者是有区别的。除时间上有前后外,竹林玄学不仅出了蔑视礼法的阮籍、嵇康(人称激烈派),还出了主张"以儒道为一"的向秀(人称调和派)。这时清谈取资对象虽还是老、庄,但庄子的分量已经大大加重,老子的地位也逐渐上升,与孔子并列称"圣"。

竹林玄学的年代,大致在魏齐王曹芳嘉平初至魏元帝曹奂景元年间。这段时间正是司马氏铲除曹魏势力,斗争趋于白热化的时期。正始名士中不少人因卷入其中而惨遭杀害,如何晏、夏侯玄、邓飏,王弼也惊恐而死,"天下多故,名士少有全者"。司马氏取代曹魏,打的是"名教"旗号,谁都知道是假的,这正是"司马昭之心,路人皆知"。投靠司马氏的官僚,虽以名教卫士自居,但在告密杀害同僚上毫不手软。龌龊黑暗的社会,使一批正直的儒士极端苦闷、彷徨,为避免卷

竹林七贤图

清代伍学藻绘。竹林七贤常集于山阳（今河南修武）竹林下饮酒、纵歌，肆意酣畅，故而得名

入政治旋涡，也为了求得内心平静，他们走上蔑视名教、追求自然的玄学之路。他们喜聚集一处，清言谈玄。嵇康居地山阳（今河南修武），有园宅，宅屋有竹林。常在此聚会的有嵇康、阮籍、山涛、向秀、刘伶、王戎、阮咸七人，世称竹林七贤，他们的玄学主张称竹林玄学。

嵇康、阮籍的自然本体论与对伪名教的揭露

竹林七贤的领袖是嵇康和阮籍。嵇康（223～262年），字叔夜，谯郡铚（今安徽濉溪西南）人；阮籍（210～263年），字嗣宗，陈留尉氏（今属河南）人。他俩是七人中著述最多的，思想也最有代表性。他们的思想可用嵇康的一句话来概括："越名教而任自然。"即是说，超越名教，构建以自然为本的本体论。

竹林七贤对名教尚未产生的上古社会十分向往，认为名教是一切黑暗的根源。嵇康就说六经是"污秽"，仁义是"臭腐"，诵经为"鬼语"，一切宣传名教的文籍、章服乃至揖让之礼和记述的礼典，都应"兼而齐之"；大家不学它，未必为长夜，六经未必为太阳。他甚至喊出"轻唐虞而笑大禹""非汤武而薄周孔"的口号。阮籍也一样，他将那些口口声声要维护名教的伪君子比作裤中虱，他说：你们没有看见那些裤中虱吗？它们躲进裤缝里，逃进败絮中，自以为找到安乐窝，它们不敢离开裤缝，也不敢越出裤裆，饿了吃人的血，自以为能永远这么过下去，然而它们逃不过一把火。这批伪君子，与裤中虱有什么两样！讽刺得辛辣至极！

否定名教之后，人们应追求什么呢？那就是自然。嵇康说，只要做到"越名教而任自然"，顺应自然，便能做到"大道无违""是非无措"，心与道就会合乎一体。阮籍也说，只要"明自然之分"，就能明天人之理，

通治化之林，达到"君臣垂拱""百姓熙怡""保性命之和"。嵇康、阮籍将自然抬到"道"的层次，也就是本体层次，这就是以自然为本体的自然本体论。

嵇康和阮籍蔑视礼法，反对名教有不少有趣的故事。

嵇康隐居山阳时名气已很大，曾与向秀一起在村头柳树下锻铁，附近农人打铁器，他从不收钱。钟会带众多随从去拜会他，他却"扬槌不辍，旁若无人，移时不交一言"。钟会站起来要走，嵇康问钟会："何所闻而来？何所见而去？"钟会只好答："闻所闻而来，见所见而去。"嵇康对达官贵人有一种倨傲之气，若不可犯。他的好友，亦是七贤之一的山涛出仕后，想推荐嵇康代己之职，嵇康不仅拒绝了，还写了著名的《与山巨源绝交书》。景元三年（262年），因朋友吕安被其兄诬陷，嵇康欲为吕安辩诬，被牵连入狱。钟会乘机进谗言，称嵇康曾支持毌丘俭反司马昭。因嵇康原为曹氏戚属，司马昭很猜忌他，于是被处死。行刑前，有太学生3000人上书，请以为师，司马昭不许，临刑，嵇康神色不变，索琴、弹奏一曲《广陵散》。嵇康是音乐家，《广陵散》为古曲，国中只有他一人会弹，嵇康死，《广陵散》绝。

阮籍的放浪不羁一同于嵇康。他好酒，听说步兵校尉营中贮酒300斛，便去营中任职。她嫂子回娘家，竟公开送行，这是为礼教所

钟会访嵇康
出自清代《于越先贤传》

不允许的,他竟说:"礼岂为我辈设也!"邻家女有美色,当垆卖酒,他醉后竟眠其侧。附近一少女长得很漂亮,不幸早卒,阮籍并不认识,竟赴她家行丧。母亲将死,阮籍正与人下棋,对弈一方请求停止,阮籍坚持下完棋,又饮酒三斗,呕血数升,极为痛苦。关于母丧,又有一事,丧期,他去见司马昭,在司马昭面前喝酒吃肉。大臣何曾诋毁他,认为母丧期间不应如此"纵情背礼"。司马昭对阮籍的态度不同于嵇康,是因为阮籍不属曹氏阵营,司马昭还想拉拢他,打算与阮籍结儿女亲家,派人来联姻,阮籍竟连续数天大醉不起,这事就敷衍了过去。

嵇康、阮籍果真视名教如粪土吗?不是的。阮籍那句"礼岂为我辈设也"说明了问题。因为他们看到人们遵循的礼、名教,不过是违背人情、人性的假礼法、伪名教。

嵇康、阮籍对生命的感悟和思想矛盾

嵇康、阮籍的思想中,最为后世惊叹的,是他们对生命感悟之深。他们的诗文充满了对生的期望,对死的坦然,歌颂生命的不朽。

生于魏晋之交,他们常感到生命的无常。"人生若尘露,天道邈悠悠","但恐须臾间,魂气随风飘。终身履薄冰,谁知我心焦"。(阮籍)"人生寿促,天地长久。百年之期,孰云其寿?思欲登仙,以济不朽。"(嵇康)由生命的短促,而想到仙人的长寿。这套生命观无疑来自老庄。嵇康说,"宁如老聃之清静微妙","将如庄周之齐物变化",因为老庄思想中的确有对生命的礼赞和养生的智慧,嵇康要学老庄是很自然的。比较嵇、阮两人,嵇康的养生思想很完备,他不仅写《养生论》,针对向秀责难,他又写《答难养生论》,他的养生思想有两点值得我们注意。

首先，嵇康的养生观中有会通儒道的意蕴。他说："故顺天和以自然，以道德为师友，玩阴阳之变化，得长生之永久。"这里的"道德"不光是指道家的思想，也含有儒家的修身观在内，也体现了名教与自然的某种融合。

其次，嵇康的养生观不只是坐而道，还有起而行的实践成分。《晋书·嵇康传》中说嵇康"常修养性服食之事"，服食即用药物养身，又包括导引之术，即健身体操，而且要"弹琴咏诗"，让精神得以发舒，达到神宁气清的最佳境界。

嵇康、阮籍要"越名教而任自然"，但现实世界告诉他们，他们超越不了名教，完全脱离人世与自然一体的境界也遥不可及。这使他们更深深陷入了痛苦，他们晚期不得不承认名教的存在。嵇康死前曾作《家诫》，给只有10岁的儿子嵇绍，他谆谆叮嘱："不须作小小卑恭，当大谦裕；不须作小小廉耻，当全大让。若临朝让官，临义让生，若孔文举求代兄死，此忠臣之节"，"壶榼之意，束脩之好，此人道所通，不须逆也。"完全承认了礼法的存在，并要儿子遵循。他还将儿子托付给山涛，称"巨源在，汝不孤矣"。嵇康要儿子走什么道路，可想而知。嵇绍也没有辜负父亲希望，在山涛汲引下，入晋当官，以身挡箭，危难中救了晋惠帝，成了忠臣。同类故事，阮籍那里也有。他儿子成年后，很想效法父亲。阮籍却说："仲容之预之，卿不得复尔。"仲容是阮咸字，是阮籍侄儿，亦是七贤之一。此句话大意为：我家已有了一个，你不可再学我。上面例子说明了嵇、阮的反名教，不是真的反名教，他们反的是假名教。鲁迅先生说："因为他们（指嵇、阮）生于乱世，不得已，才有这样的行为，并非他们的本意。但又于此可见魏晋的破坏礼教者，实在是相信礼教到固执之极的。"

向秀的"以儒道为一"

"向子期以儒道为一",这是南朝文人谢灵运在《辨宗论》中讲的话。这句话准确道出了竹林玄学中一个突出现象:向秀已看出竹林玄学中嵇康、阮籍一派已陷于名教(儒)、自然(道)决分两途的矛盾,所以他决心为之调和。

向秀(约227～272年),字子期,河内怀(今河南武陟)人,是嵇康的好友,竹林七贤之一。嵇康被杀,他决计入仕。在洛阳,司马昭问他:"闻有箕山之志,何以在此?"向秀答:"巢、许狷介之士,未达尧心,岂足多慕。"箕山是古贤人益的避世之处,巢即巢父,许为许由,都是避世高人。此话很可深究,连巢父、许由都"不足多慕",还谈什么"任自然"?显然,向秀以实际行动表明了与嵇康、阮籍的分歧。

向秀与嵇康思想的差距,可以追溯更久。在关于《养生论》的《论》《难》中,便可见其端倪。向秀认为世间一切如富贵恩爱虽都是自然而生,但应"求之以道""节之以礼",明显不同于嵇康一切要顺其自然,不加节制的观点。

向秀注过《庄子》,已不存;流传于后的郭象《庄子论》,包含有向秀原注成分。《世说新语》也将向、郭两家注《庄子》相提并论,可见两书观点相通。张湛《列子注》中曾引过一段向秀注文,称"吾之生也,非吾之生也,则生自生耳",与郭象的"独化论"有相似地方。所以向秀是竹林玄学向元康玄学过渡中的人物。

竹林清音与竹林七贤的政治分化

以竹林七贤为代表的玄风,人称竹林清音。竹林清音有哪些特点呢?

第一,隐居山林,高蹈遗世。

七贤中人,多多少少都有隐居经历。他们共同的清游之地是"竹林",据北魏郦道元《水经注》引述,此地"左右筠篁列植,冬夏不变贞萋",是一幽静之处。他们隐居此处,尘世间一切喧嚣烦恼、丑态均被隔绝于外,表现了脱俗的气质。嵇康自称:"抗心希古,任其所尚,托好老庄,贱物贵身,志在守朴,养素全真。"阮籍则是"傲然独得,任性不羁,而喜怒不形于色。或闭户读书,累月不出,或登临山水,终日忘归"。向秀,有人称其有"拔俗之韵",与嵇康一起打铁,与吕安一起灌园,竟是连家都不顾的人,"不顾家人有无,外物不足拂其心"。山涛,《晋书》说他"介然不群,性好老、庄,每隐身自晦"。刘伶则是"澹默少言,不忘交游,与阮籍、嵇康相遇,欣然神解,携手入林"。七贤中有两位年龄较小者:一是阮咸,是其叔阮籍带入竹林的,《晋书》称"当时礼法者讥其所为",其是位不遵礼法的高士。另一是王戎,王戎的品格从一则小故事中可知:一天,嵇、阮、山、刘诸人在竹林中喝酒,王戎后到,阮籍便说:"俗物来了,很败兴。"王戎答曰:"你们的话,难道不败兴吗?"《世说新语》此条注明说王戎未能"脱俗",故阮籍作此语。后来王戎的种种表现,证明阮籍等对他的看法没有错。

第二,不拘礼法,纵酒自得。

嵇康、阮籍喜酒,不拘礼法之事,已见前述。刘伶、阮咸喝酒,不遵礼法之事亦常为人称道。《晋书·刘伶传》称他常携一壶酒,让人肩负一锄,并交代:我死了你就埋了我。他喝酒太多,常向妻子要酒喝,妻子毁了酒具并哭劝道:"你喝得太多,不是养生之道,宜断酒。"刘伶说:"这是好主意,请准备酒肉,我将对神鬼发誓。"妻子准备了酒肉,刘伶的誓词竟是:"天生刘伶,以酒为名。一饮一斛,五斗解酲。妇儿之言,慎不可听。"说罢又喝酒,又吃肉。《世说新语·任诞》又记,刘伶酒后在屋中脱光衣服,有人讥笑他,他却说:"我以天地为栋宇,屋室为衣裤,诸君为何入我衣裤中!"

阮咸不遵礼法的故事亦有多个。阮氏家乡有七月七日晾晒衣物的习惯,家族中富家莫不绫罗绸缎,晾满庭院,阮咸却拿根竹竿晾起一条大裤衩,称"未能免俗"。母丧期间,他与姑家一鲜卑婢私通,姑带鲜卑婢走,他穿着重孝去追赶,称"人种不可失"。宗族中人聚集饮酒,他以大瓮盛酒,群猪来饮,他也干脆上去与猪共饮,其放达之风,为常人不及。

第三,啸傲纵逸,琴诗自乐。

七贤中,嵇康、阮籍都善长啸,又懂琴,在乐理上有很高造诣,其诗文更是首屈一指。

阮籍的《大人先生传》中曾写他本人去访隐居苏门山的高人孙登,孙不搭理阮,阮便长啸,离去后忽闻如鸾凤之声响彻山谷,良久方散,可见孙登之啸超过阮籍。嵇康亦会啸,他的诗自称:"心之忧矣,永啸长吟。"他们用啸排解心中的寂寞与痛苦。同样他们的诗文也是内心感伤、恐惧、悲痛、焦虑的反映,在魏晋文学史上有很高地位。就这一点而言,竹林清音与正始玄学不一样,竹林清音少的是正始玄学在哲理上的探索,多的是"披发行歌,和者四塞"的浪漫文学气质。

嵇康、阮籍还有阮咸都善音乐。《晋书》说阮籍"嗜酒能啸,善弹琴",嵇康自称,"琴诗自乐,远游可珍。舍道独往,弃智遗身",但这种弹琴咏诗是出自无奈。嵇康在一首诗中说:"流咏兰池,和声激朗……倾昧修身,惠音遗响。钟期不存,我志谁赏?"当缺少知音后,剩下的便是无比的孤独和悲伤。

第四,老、庄并重,更重庄子。

竹林清音与正始玄学的另一点不同是,这时已进入老、庄并重,更重庄子的时代。嵇康是"长而好老、庄之业",自称"老子、庄周,吾之师也";阮籍是"博览群集,尤好老、庄";山涛"性好庄、老";向秀"雅好老、庄之学";刘伶,《晋书》本传称他,"常以细宇宙、齐万物为心,澹默少言"。所谓"细宇宙、齐万物"正是《庄子》一书中要义。竹林清音中出现的那种物我两忘,返归自然,心与道合及逍遥的境界,无不与《庄子》契合。

竹林七贤只是意气相投、在一处清谈雅集的文人。其最盛的时间,

山涛
高逸图(局部)

大约在魏嘉平初年（250～252年），之后便烟消云散了。比较七人的思想、政治倾向和最终归宿，约分三类：

第一类是嵇康和阮籍。他们是竹林清音的中坚，是七人中最有思想的人，"越名教而任自然""礼岂为我辈设也"集中体现了他们藐视名教、追求自然的一面。然而礼法、名教是逃避不了的，他们苦闷、痛苦，愤而为诗为文，因成大家。但两人又有区别。嵇为曹氏戚属，脾气又很坏，"刚肠疾恶，轻肆直言，遇事便发"；阮早期还喜对人作"青白眼"，晚期变得很谨慎，司马昭就称赞他"未尝臧否人物"。鲁迅先生说："嵇、阮二人的脾气都很大，阮籍老年时改得很好，嵇康就始终都是极坏……结果阮得终年，而嵇康竟丧于司马氏之手。"

第二类是山涛、王戎和向秀。山涛是最早出仕司马氏的；王戎紧接其后，官做得很大（左仆射、司徒）；向秀最晚，但当面吹捧司马昭（比喻其为尧），以是"帝甚悦"。他们后来的行为，证实了他们的竹林之游，不过是韬光之计，目的是为出仕时身价更高而已。

第三类是刘伶、阮咸。他们或终身未仕（刘伶），或只任过中下级官吏（阮咸）。他们闻名是因他们行为放达，对后来的元康名士乃至东晋名士起了示范作用。

小知识◎《广陵散》

　　嵇康是西晋著名文学家、思想家,竹林七贤之首。他善弹琴。司马昭借故杀他,他临刑前神色不变,只索琴一张,奏《广陵散》,此曲为高人所授,只传他一人。曲毕,嵇康叹道:"《广陵散》至此绝矣!"乃就刑。

3. 元康玄学与裴頠的"崇有论"、郭象的"独化论"

元康是晋惠帝的年号，时间为291～299年。元康玄学持续到怀帝永嘉年间（307～313年），所以又称西晋玄学或中朝玄学。所谓"中朝"，不过是东晋人对西晋的一个别称，认为其首都洛阳在中原，以与"东朝"即东晋（都建康）相区别。

晋初，为笼络世族，武帝完善了魏的"九品中正制"，颁布占田法、宗荫法，官员可按品级高低占有田地，庇荫亲属，助长了社会上夤缘当官、朋比为奸的风气，统治者生活奢侈腐化到极点，外戚王恺和大官僚石崇"斗富"的丑剧就发生在这时。

丑恶的现实使部分知识分子不得不思考：正始名士们倡导的"贵无"有没有问题？竹林清音割裂的自然与名教能否黏合起来？这便是裴頠"崇有论"和郭象"独化论"产生的背景。

不过，却有另一批名士沿着正始、竹林遗风，为满足自己的享乐，顺应社会奢靡风气，浑浑噩噩，了此余生。元康名士的放达之风，于此也达到高峰。

裴頠的"崇有论"

裴頠（267～300年），字逸民，河东闻喜（今属山西）人，出身著名高门，父裴秀，做到司空，为我国第一部历史地图《禹贡地域图》的作者。裴頠"自少知名"，"善谈名理"，是著名清谈家。《晋书·裴頠传》称："頠深患时俗放荡，不尊儒术……乃著《崇有》之论，以释其蔽。"裴頠的《崇有论》主要谈了以下两个问题：

第一，从现实社会中"贵无"带来的危害，及"贵无论"曲解老子"有生于无"的本意，说明"有"才能生"有"。

裴頠对现实生活中因受"贵无"思想影响导致"立言借于虚无，谓之玄妙；处官不亲所司，谓之雅远；奉身散其廉操，谓之旷达"，到处弥漫着享乐、腐败的空气极度不满。他说这是"贵无论"者歪曲了老子所说原意。他说，老子学说是为了让人们"表摭秽杂之弊，甄举静一之义，有以令人释然自夷"而作的。老子"有生于无"并没有"本无"之意，只是突出了虚的一面，"贵无论"者把它看作"以无为宗"，不符老子原意。世界万事万物绝非由"无"产生，而是由"有"产生的。

第二，裴頠抓住"有"如何产生"有"这一问题，多方论述"无"不过是"有之所谓遗者"，"无"不是事物的根本，"有"才是根本。

裴頠在《崇有论》一开头便说："夫总混群本，宗极之道也；方以异族，庶类之品也；形象著分，有生之体也。""群"就是本体，事物之所以有别，就是有"群"，"群"内彼此关系，便是理，理是可以寻找的，"理之所体，所谓有也"。群有是"自生"的，"夫至无者无以能生，故始生者自生也"。他抓住"贵无论"的弱点，便是由"无"生"有"，那么第一个"无"是谁生的？裴頠还从玄理探求返回现实，指出建立在"贵无论"基础上的"无为"，对民众一点用处也没有。现实的存在是合理的。

　　裴頠的"崇有论"，实际上是一种带有经验常识的经验论，从哲学高度讲，它和王弼的"贵无"那种抽象的、超验的形而上学，本不属一个层次。但哲学不能脱离人事与经验。裴頠的"崇有"，还是提出了人们思索的问题，也提出了"贵无"的某些不足，它的出现，完善了魏晋玄学本末有无之辨的一方，也反映了玄学思潮一个重大变化的来临。

郭象的"独化论"与名教即自然

　　郭象（约252～312年），字子玄，河南（今河南洛阳）人。早年他的辩才就很有名，后来在惠帝朝做官。他一生著述较多，以《庄子注》最为出名。他的"独化论"便出自该书。所谓"独化"是指万物独立存在与变化。"独化论"要义有以下几点：

　　第一，"独化"是从"崇有论"中的"自生"发展而来的。不过"崇有论"中万物自生须"凭乎外资"（外界因素），"独化"则主"天地者，万物之总名……决然而自生耳"，自生无恃，故此叫"独化"。万物既然"各自造而无待"，那么如何生化万物？郭象的回答是，"自为而相因相济"，相因是"独化之至也"。这比"崇有论"进了一步。

　　第二，"独化论"又提出了"玄冥"的概念。

　　"玄冥"表面上看很像"贵无论"中的"无"，不同的是，郭象并不认为世上存在抽象的"无"，更反对"无"生"有"。他的"玄冥"就是"独化相待，自为相济"的过程或境界。他设问："夫造物者'有'耶？'无'耶？"如果是"无"，就不能造万物，如果是"有"，也不能概括万物的多样特性。所以他的概括是"是以涉存物之域,虽复罔两,未有不独化于玄冥也",或"神器独化于玄冥之境",说明事物的"独化"是一种幽深、不可测的境界。所以"独化"与"玄冥"将"无"与"有"结合了起来,是架设在两者间的桥梁。

第三,在处理"名教"与"自然"这一对矛盾时,力主"名教"即"自然","内圣"(人的精神世界)与"外王"(人的功业)统一。

庄周梦蝶
清代马骀绘

郭象说:"天地者,万物之总名也,天地以万物为体,而万物必以自然为正。"万物都是自然,名教当然也属于自然了。所以他将国家的刑法和世间的仁义、尊卑之间的秩序,都认为是"自然",是自然而然地"独化"的产物。王弼说"名教出于自然",还有"无"生"有"之意,"名教即自然"则完全化合为一了。

郭象对老子所主张的"无为"作了新解释:"所谓无为之业,非拱默而已,所谓尘垢之外,非优于山林也。""无为"并非无所作为,而是在"有为"之中。在《齐物论》注中,他更称:"君臣、上下、手足、内外乃至天理自然,岂直人之所为哉!"这就为封建秩序的维护稳定提供了更好的理论基础。

从哲学思辨角度看,魏晋玄学历经正始、竹林到元康,正如哲学上的合—分—再到合的过程。到了郭象,本末有无之辨中的"有"与

"无","自然"与"名教"之争,基本上得到了圆融的解决。他的寓"无为"于"有为"也有突破老庄,调和儒、道的意思在内。

元康放达之风

元康、永嘉间的清谈之士除裴頠、郭象外,还有王衍、乐广、裴楷、谢鲲、卫玠、欧阳建、阮瞻、王澄、胡毋辅之等,他们又被称为"中朝名士"。

元康玄学上述人物中除少数如裴頠、郭象及提出"言尽意论"的欧阳建从事玄学理论探索外,有很大一部分人,只是追求放达的风格。东晋葛洪在《抱朴子·刺骄》中曾一针见血地指出他们没有阮籍等人的能力和抱负,徒袭其皮毛,就一个个地"放达"起来,他们其实走的是一条通向"裒渎""淫邪"之路。元康放达派的"放达"主要体现在:或嗜酒,或贪色,放荡自恣。

元康放达之士莫不嗜酒如命。王澄、胡毋辅之、谢鲲等都"酣宴纵诞,穷欢极娱"。他们有时在家喝酒,喝得昏天黑地。一次胡毋辅之独饮,被儿子看到,这位胡毋公子竟大叫父亲的名字并说:"老头子,你不能一人偷着喝。"胡毋辅之听后大笑,叫儿子进来共饮。更多场合是多人在一起聚饮,时人称胡毋辅之、谢鲲、毕卓、羊曼等八人为"江左八达"。葛洪曾记述了这个场景:若是夏天,大家就光着身子,"不闻清谈论道之言,专以丑辞嘲弄为先",认为这才叫"高远",不这样就会被人嘲笑,称之"骏野"——呆子、野人。《世说新语·任诞》记下了他们的酒后狂言:毕卓说,"一手持蟹螯,一手持酒杯,拍浮酒池中,便足了一生"。有人对江南名士张翰说,你这样纵酒,要考虑身后名声,张翰竟答道:"使我有身后名,不如即时一杯酒。"

幼舆丘壑图（局部）

元代赵孟頫绘，绢本设色，纵27厘米，横116.8厘米，美国普林斯顿大学美术馆藏。此图描绘了晋代名士谢鲲优游林下、寄情山水的故事

名士们不仅纵酒，还沉湎于色。谢鲲曾挑逗邻家妇女，妇女用织布梭打断他两颗牙齿，他却不在乎地称："犹不废我啸歌。"《晋书·五行志》载："惠帝元康中，贵游子弟相与散发裸身之饮，对弄婢妾，逆之者伤好，非之者负讥，希世之士耻不与焉。"更有甚者，葛洪曾说，这批人还"入他堂室，观人妇女，指玷修短，评论美丑"。这尚是言语上的挑逗，他们还进一步付诸行动："犯门斩关，越墙穿隙，有似抄劫之至"，妇女躲避不及"至搜索隐僻，就而引曳"，完全一副市井恶少模样。参与者自是"贵游子弟"，有无名士参加，自是不知，但受这种世风影响则是肯定的。

或残酷，或率性，或口中雌黄却不理政事。这些放达之士，内心极为冷酷，以王敦为例，在西晋，王敦不算大名士，但却以交结名士闻名，他与王衍、王澄、王导并称"四友"。一次，富可敌国的石崇请他与王导喝酒，命盛装美人劝酒，客如不饮，即斩美人。王导见此规矩，只得勉强饮下，王敦就是不饮，已斩三人，王敦"颜色如故，尚不肯饮"，其内心之冷酷，可见一斑。率性的典型是王澄，王澄是王衍的弟弟，赴荆州莅任时，举朝欢送，王澄不顾，见院中树上有雀巢，便脱衣上树，取出雀蛋玩弄，"神色自若，旁若无人"，这就是所谓"达"的表现，实际上是任意自为。到荆州后，他"日夜纵酒，不亲庶事,虽寇戎急务,亦不以为怀",搞得荆州大乱,逃回洛阳。他的哥哥王衍是惠帝、怀帝朝大名士,位列三公。《晋书》本传称他"既有盛才美貌,明悟若神","妙善玄言,唯谈老庄",他握一麈尾,风采倾动一时。他讲义理,有时讲错了,"随即改更,世号口中雌黄"。在他的倡导下,元康、永嘉间社会上弥漫了徒托空言、不理庶务的玄虚空气。

就在一些名士纵情放达之时,有人看出了其间危机,他们借玄言提出了与裴頠、郭象相同的主张。

一是大名士乐广,见到王澄、胡毋辅之等狂放到脱衣裸体,便笑道:"名教内自有乐地,何必乃尔。"二是王衍见到阮修(一说是王戎见到阮瞻),问:"老庄与圣教同异?"阮修的回答是"将无同",意思是大概有相同之处吧。王衍很赞赏阮修的回答,立即辟为掾,人称"三语掾"。不管是乐广、王衍还是阮修,已看出名教与自然之间、儒与道之间都有融通之处。此二例不仅为裴、郭理论的出现提供了现实背景,"将无同"的出现也开启了东晋南朝时儒、道会通,甚至儒、佛融通之门。

小知识◎《庄子注》

《庄子》，道家的主要经典，道教称其为《南华真经》，为先秦诸子之一庄周所撰。后人为《庄子》作注的很多，西晋时郭象的《庄子注》阐述了"名教即自然"之理后，成为魏晋玄学的重要著作。同时的向秀亦作过《庄子注》。郭注本或包含了向秀的重要思想。

◎口中雌黄

雌黄，古时修改文字所用之物。西晋王衍很善清谈，但有时讲得不妥当，他会随时修正，以圆其说，就像用雌黄修改文字一样，所以叫"口中雌黄"。

4. 东晋、南朝的玄学与儒、佛、道的关系

317年东晋王朝建立。东晋建立过程中,以琅邪王氏为代表的北方世族起了重要作用,因此晋元帝司马睿极其信任王导,称其"仲父",一次朝臣聚会,司马睿竟请王导同坐御床,"王与马,共天下"的民谣就此传开。

东晋是在战乱中成立的,如何安定人心,将统治能继续下去,便成为东晋君臣的首要任务。史称,"时王导辅政,主幼时艰,务存大纲,不拘细务","为政务在清静"。"务存大纲"之大纲就是指儒家的纲常名教;"务在清静"之清静是指道,也是指玄。郭象《庄子论》里表达的名教与自然合一,无为存在有为之中,是最符合政治需要的,南朝各代都延续下来。

帝王将相亦向玄

东晋南朝时帝王将相中,都出现了为数不少的对玄学感兴趣的人,从一个角度反映了玄学并未因东渡而中衰。但"向玄"并不是玄学化,他们明白,维护统治仍需要礼,即名教。

东晋皇帝中,元帝的小儿子简文帝司马昱"清心寡欲,尤好玄言"。在当琅邪王、会稽王时就与玄学大家许询、刘惔、孙安国、王蒙、殷浩、王羲之交好,还与高僧竺法深、支道林一起谈玄。他的王府中常举行清谈聚会,或谈玄,或谈诗,或品藻人物。简文帝文人习气极浓。《世说新语·文学》记其一次入华林园(皇家御苑),便说"会心处不必在远,翳然林水,便有濠、濮间想也"。此话极风雅,濠、濮间想,源出《庄子》,写庄子在二水上钓鱼,知鱼乐的故事。简文帝表达的就是与自然山水、禽鱼亲近的潇洒与从容。无论出处或意境,玄味均很重。

刘宋开国皇帝刘裕是武人,却喜欢交结文士,他的儿子文帝刘义隆、孙子刘骏都会作诗,正式将玄学立为官府"四学"之一的,便是刘义隆,后明帝刘彧立聪明观,聚集的也多是"四学"中人。

萧梁时玄风更盛。颜之推《颜氏家训·勉学》说:"洎于梁世,兹风复阐,《庄》《老》《周易》,总谓'三玄'。武帝、简文,躬自讲论……元帝在江、荆间复所爱习,召置学生,亲为讲授,废寝忘食,以夜继朝。"概括了梁武帝萧衍、简文帝萧纲、元帝萧绎三代帝王习玄的情况。梁简文帝在侯景围攻建康时,还"频于玄圃自讲《老》《庄》二书";梁元帝在西魏军攻入江陵时,还亲为群臣讲《老子》,"百僚戎服以听"。

南朝末代的陈后主也热衷谈玄。一次他与一帮文士集聚园中清谈，突然发现未带麈尾，陈后主便折了一枝松树枝条代替麈尾。可见其对清谈形式十分讲究。

将相们向玄，以东晋时的王导、谢安、王敦、桓温为代表。

王导（276～339年），字茂弘，琅邪郡临沂（今山东临沂）人，出身豪门，是西晋大名士王衍的族弟。他的习玄可追溯到西晋，他曾回忆在洛水边与裴頠、阮瞻清谈的经历，可见正始、元康间玄学对他的影响，他说当时便很佩服裴頠的主张。东渡后，他既是朝廷柱石，又没忘记他是名士，因而多次玄谈他都是召集者，名士们也无不奉他为领袖。他的清谈也起了安定人心的作用，《世说新语》说他的清谈"止道声无哀乐、养生、言尽意三理而已，然宛转关生，无所不入"，所言三理，前二者出于嵇康，后者出于欧阳建，都是玄学中的老议题，不过"无所不入"，说理透彻，技巧很高。

谢安（320～385年），字安石，陈郡阳夏（今河南太康）

东山报捷图
清代苏六朋绘，描绘了东晋丞相谢安在东山松树下下棋，等候淝水之战捷报的情形

人,他略晚于王导,在反对权臣桓温专横、维护东晋政权稳定上起着很大作用。他当宰相时,组织了有名的淝水之战,当他弟弟谢石、侄儿谢玄在前方战胜苻秦大军的消息传到时,他正与宾客下棋,看了战报"了无喜色,围棋如故",客问何事,才徐徐回答"小儿辈遂已破贼",送完客回屋室,"过户限,不觉屐齿之折"。这自然是一种修养和风度,表现的是"矫情镇物"。谢安也是当时清谈的领袖,清谈家王蒙、王修、许询及名僧支遁(道林)都是他的谈友。一次在王蒙家专谈《庄子·渔父》,支遁作"通",谢安作"难",谢安的"难"有万余言,"才峰秀逸","意气相托,萧然自得,四坐莫不厌心",可见谢安清谈水平不低。然而大家关心的是双方谈锋是否所向披靡,语言是否美妙,"但共嗟咏二家之美,不辨其理之所在"。

王敦(266～324年),字处仲,为王导堂兄,东晋时大将军。在镇豫章时,幕僚中便有不少南渡玄士,他听说有"璧人"之称的卫玠南下,特迎入幕府清谈弥日,王敦称"不意永嘉之中,复闻正始之音"。他又很欣赏王羲之,"汝是我佳子弟,当不减阮主簿(指当时名士阮裕)",可见对玄学喜爱之深。

桓温(312～373年),字元子,谯国龙亢(今安徽怀远西北)人,在东晋做到大司马、大将军,与王敦一样,是个政治野心家。他强过王敦的地方,是他早年便参加了王导、刘惔、王蒙等大名士的聚会,因此,《世说新语》的《言语》《文学》等篇屡屡出现他的身影。有一则说他与刘惔一起听人讲《礼记》,有一对答。桓温说"时有入心处便觉咫尺玄门",刘惔答"此处未关至极,自是金华殿之语"。桓温认为所讲已离"玄门"即玄理不远了,刘惔认为,还未讲到关键地方,所以还是"金华殿之语",仍是名教那套。此段话反映了礼、玄结合初时的情景,名教和自然还是分为两段谈的。

东晋南朝帝王将相亦向玄的原因有多种，以南朝帝王而言，他们多以武将身份登上帝位，如不向玄，便无法得到世族拥护。清谈已成社会风气，是高门世族的品格标记，甚至是能否当官的标准。萧梁时有人说："势门上品，尤当格以清谈，英俊下僚，不可限以位貌。"通过帝王将相的提倡，势必影响社会风尚。

佛教的玄学化，道教教理与玄学的相通

早在西晋，佛教僧侣（当时叫道人）与玄学名士便有了交往，进入东晋，交往更加密切。《世说新语》中频繁出现高僧支遁（道林）、支愍度、竺法深（竺道潜）、道安、慧远和印度僧人帛尸黎密（高座道人）等名家。他们与东晋元帝、明帝、简文帝及王导、谢安、桓温、庾亮、殷浩、刘惔、王羲之、许询、孙盛等众多名士或清谈或聚会，这一情况持续到南朝。

从僧侣与名士的清谈中，我们看到名僧们的玄学水平很高。如支遁对《庄子》就理解得很深，《逍遥游》"后遂用支理"。一位叫僧意的僧人与名士王修谈圣人有情无情的问题，僧意的几次问难，王修"不得答而去"，居然被僧人问倒。还有一次清谈是殷仲堪与名僧慧远关于《周易》以何为体的问答，慧远的问答很巧妙。足见高僧对"三玄"的理解不比名士差。

晋、宋之际，竺道生从北方返庐山，带回了鸠摩罗什弟子僧肇著的《般若无知论》，刘遗民看了以后惊呼："不意方袍（僧衣，指僧人）复有平叔（何晏）！"并将此文给慧远看。刘遗民还给僧肇写信，表示倾慕。此事说明，僧肇的解经与玄学家何晏有相似之处。后来道生自己写《二谛论》《佛性当有论》解释法显等译的《大般泥洹经》（又称《南本涅槃经》),他对《涅槃经》的经解和宣讲有很深刻的理解。《高僧传·道生传》说,生既潜思日久,彻悟言外,乃喟然叹曰:夫象以尽意,得意即忘象;言可诠理,入理则言息。自经典东流,译人重阻,多守滞文,鲜见原义。若忘筌取鱼,始可言道矣。于是校阅真俗,研思因果,乃立善不受报,顿悟成佛,又著《二谛论》《佛性当有论》。

可见道生的解经,摆脱了印度原经的束缚,用儒、玄的语言对佛经进行了解说,这在当时叫格义。道生的依据便是玄学家"得意而忘象""忘筌而取鱼"的思维方法。道生果真用这个方法,来解《般若经》,大胆阐发了在烦琐经文后隐藏的"真谛",提出了般若的顿悟成佛说。

道生的做法并非孤立,慧远便支持他,并直截了当地说:"内(佛)外(儒、玄)之道可合明","苟会之有宗,则百家可敌"。总之,

葛仙吐火图
明代郭诩绘。葛仙,即葛洪

佛教的玄学化，是这时佛教最显著的特点。

魏晋南北朝时期是道教的重要发展期。它的发展离不开时代环境，这时兴盛的玄学对道教教理的丰富起了重要作用。

葛洪（约281～341年），自号抱朴子，丹阳句容（今属江苏）人，是道教外丹学和神仙道教奠基人。他自著《抱朴子》，称《内篇》属道家，《外篇》属儒家。在《内篇》中对"玄"、对"道"的解释均来自王弼的《老子注》，又说道本无名，"论其无，则影响犹有焉；论其有，则万物尚为无焉"。其原理来自玄学中的"贵无""崇有"。他认为"道"是有、无结合的，又与向秀、郭象的理论一致。《抱朴子》一书虽抨击玄学为"诬引老庄"，对竹林中人更不放过，但在构建他的"玄道合一"的神仙道教体系时，仍不能离开玄学前辈的启示。

后人评论南北朝时道教的发展，总离不开道教曾大量引袭佛教经籍一事，殊不知这时许多佛经已玄学化了，所以在承袭佛经时，也将玄学带进了道教。陆修静（406～477年）是道教南天师道的重建者，其地位与北天师道重建者寇谦之并肩。他对道教理论最大的贡献是撰写了《三洞经书目录》，开创了后世"三洞四辅"道藏的编纂体系。他写的《洞玄灵宝五感文》又称"六种斋"，包括了三洞六斋十二法，其中二洞的命名，第一洞便是"以无为宗"（含二法），第二洞是"以有为宗"（含九法），将老子的"无为""有为"合在一起，恰恰又是玄学家郭象的理念。

东晋南朝道教中人注解《老子》的极多，唐末杜光庭编的《道德真经广圣义》，列举唐以前各家注解，指出："何晏、钟会、杜元凯、王辅嗣、张嗣、羊祜、卢氏（裕）、刘仁会，皆明虚极无为理家治国之道。"将何晏、钟会、王弼等玄学大家列入其中，与道教人物并提，可见道教对玄学家的重视。

南朝的另一道教领袖是陶弘景（456～536年），他所传的养生学虽主要来自道家，但与玄学家提倡的养生之道有共通之处；他写的《真诰》，大量吸收了佛教经籍，而其本例却来自郭象的《庄子注》。可见东晋南朝的道教与玄学大有相通之处。

儒学并未退出历史舞台

自魏晋起，儒学虽走向低落，但并未退出历史舞台，各代帝王仍将它作为维护其统治的重要工具。

宋文帝刘义隆开"四学馆"于建康鸡笼山，表面上儒、玄、史、文并列，但仍以儒为首，史载文帝本人"数幸次宗（儒学馆以雷次宗为首）馆，资给甚厚"。梁武帝萧衍是个喜欢谈玄又佞佛的皇帝，可就在天监四年（505年），他在佛前立誓要振兴佛教的同时又为孔子立庙，置五经博士。在《立学诏》里说："建国君民，立教（儒学）为首，砥身砺行，由乎经术。"承认儒学地位不可动摇。

传统的经学，这时也有发展。经学家吸收佛教开坛讲经的做法，也开坛讲儒学经典，因此出现了一批以"讲义""义疏"为名的儒学著作。最有名的是萧梁时皇侃的《论语义疏》。《论语义疏》收集了自东汉末、历两晋、到南朝共33位对《论语》作过注疏的论著。33位中，有名可稽的就有王肃、郑玄等汉魏名儒，颜延之、贺场等东晋、南朝名家，另有魏晋到南朝的玄学名士如王弼、张凭、殷仲堪，还有僧人不直、慧琳，道士顾欢。这是何晏《论语集解》面世后，又一部规模宏大的著作。

东晋南朝礼学兴盛，也从另一角度证实了儒学在社会上仍占据重要地位。当时不只帝王谈礼，硕学名儒谈礼，玄学家谈礼，佛教僧侣

虎溪三笑图
宋代佚名绘,绢本设色,纵 26.4 厘米,横 47.6 厘米,台北"故宫博物院"藏。此图描绘的是东晋儒者陶渊明与道士陆修静一同访问在庐山修行的高僧慧远,归途中三人谈笑而行,送客之慧远不觉间跨越其自我禁足之虎溪,虎辄号鸣,三人因之相视大笑的情形

也谈礼。大家谈礼,不单是为了维护门阀世族统治,还有更深刻的社会背景。当时南北分裂,战争造成了大量实际问题,如一个家族或家庭之中,父子分离、夫妻分离、长嫂代母等,新的情况的出现,对旧礼制提出了挑战。按旧礼,儿子结婚必须要禀告父母,征得父母同意,而此时儿在南,父母在北,儿子总不能不结婚吧;又如按旧礼,嫂死,弟弟只要一般服丧即可,但很多长嫂实际上已成抚养弟弟的母亲,就应服重丧。如此等等,旧礼已完全不符合实际情况了,"礼许变通""礼缘人情"的新提法便出现了。有的人还提出:"礼律之兴,盖本自然,求之情理,非从天堕,非从地出。"实际上已体现了名教与自然的统一。

二 魏晋玄学的四个时期 | 61

正如余英时所分析的:"此时传统旧礼法既不足以适应已变的社会状况,而魏晋以来一直支配着士大夫生活的新的伦理价值——情——也不能完全置之不顾。因此如何革新旧礼法以安顿新价值,使情礼之间得到调和,可以说是解决问题的唯一途径。东晋以后礼玄双修的学风便是在这种情势下发展起来的。"这时还涌现出一批"礼玄双修"的人物。如江统,"性好学,儒玄并综";庾亮,"善谈论,性好庄、老,风格峻整,动由礼节"。"礼玄双修"反映到文学创作上,就出现了袁宏写的《三国名臣颂》,在对夏侯玄的赞语上,袁宏竟这样赞美夏侯玄:"君亲自然,匪由名教,爱敬既同,情礼兼到。"若没有名教与自然统一的人背景,情礼兼到的社会共识产生,是不会产生这类作品的。

"礼玄双修"的出现,标志着儒学已在很大程度上通过玄学吸收了道家思想,加以此时佛教的玄学化,道教理论与玄学的相通,南朝后期,一种鼓吹儒、佛、道一体的思潮便涌出了。先是儒、佛一体,沈约说"内圣(佛)、外圣(周、孔)义均理一"。稍晚,颜之推也说"内外两教,本为一体"。梁武帝是个对儒、佛都做过研究的皇帝,又与道士陶弘景交好,后来他崇佛,但又写了《述三教诗》,认为三教同源,老子、孔子、佛陀合称"三圣"(当然以佛为主)。陶弘景也说"百法纷凑,无越三教之境"。那时士大夫临死的遗言便是"左手执《孝经》《老子》,右手执《小品》《法华经》",儒、佛、道三家经卷一家不缺。三教的融合虽只是初步,但对后世却产生很大影响。

小知识◎淝水之战

383年,氐族人苻坚统一北方,建立前秦后,集近90万大军,想一举攻下东晋。晋宰相谢安派谢石、谢玄迎战,只有8万人。两军对峙淝水,晋军以少击多,秦军大败,淝水之战后,北方又陷于分裂,东晋政权得以保存下来。

◎同泰舍身

南朝梁武帝萧衍佞佛,曾三次"舍身"于建康同泰寺,称将供养于佛前当仆役。朝臣三次集巨资将他赎回,耗费了国家大量资财。

◎虎溪三笑

东晋时陶渊明、慧远、陆修静三人都隐居庐山,三人常聚东林寺共话。慧远送客人从不过寺前虎溪,一日谈笑间不觉已过虎溪,慧远所蓄之虎骤啸,三人大笑而别。此故事疑为后人所杜撰,因三人年龄相差悬殊,但却反映出当时儒、释、道三教和平共处的情况。

三 魏晋玄学与一代儒士的价值取向

两汉在"独尊儒术"这张巨网笼罩下，儒士们只能局限于经学桎梏之中，过着僵化的生活。魏晋玄学冲破了这张巨网，儒士们发现，他们面前是如此广阔的世界：思想上，他们不仅可以从不同角度来理解原来的儒经，他们更可以从道家、法家、名家……甚至佛教、道教那里汲取思想养料；日常生活上，他们知道除了名教之外，还有更多美丽可亲的东西，自然的绚烂，人情的可贵，生命如此不易，人生如此精彩纷呈……这真是一个没有拘束的、思想和身心都获得解放的时代。

于是，这时的儒士们，在我们面前展现了与前代儒士完全不同的风采，这就是"魏晋风度"。

1. 以隐逸、清高相标榜的社会风气

近代著名学者刘师培在《论古今学风变迁与政俗之关系》一文中,对"两晋六朝之学"作了概述,他说这时士大夫"不滞于拘墟,宅心高远,崇尚自然,独标远致,学贵自得",所以他们个个都"自视既高,超然有出尘之想,不为浮荣所束,不为尘网所攖,由放旷而为高尚,由忮世而为乐天"。他们的作为必然影响社会风气,那便是:"朝士既倡其风,民间浸成俗尚。"

刘师培的概述,总结出了当时的学风特点,由学风而影响了社会风气的转变。

世务为耻,玄言为高

两晋南朝玄学之士,对世务的厌恶,以竹林之士嵇康、阮籍最为典型。但他们厌恶世务,是对司马氏黑暗政治的不满,也有消极避祸的意图在内。到元康之际，一部分人走上率性、贪酒、好色的放达之路，他们是"由厌世而为乐天"；另一部分人则高谈玄理，耻于世务，"由放旷而为高尚"，此种风气延至东晋、南朝。这里介绍的，主要是后一部分人。

东晋大名士王蒙、刘惔一次约了名僧支遁去拜访何充。何充是被王导看中、能办事的人，时任车骑将军。当时何充正在看文书，没有空接待他们。王蒙很不高兴地说：我们今天特地约了支遁来看你，希望你能摆脱杂务，与我们清谈，你却低头看文书，这是什么意思？何充的回答是：我不看这些文书，你们怎能活到今天？又有一次，王蒙、刘惔在大将军桓温处，看到桓温身穿戎装，刘惔说："老贼这身打扮，想去干什么？"桓温说："我若不这样，你辈能在这里清谈？"王、刘均为当时著名的清谈家，在他们眼中，只有清谈才是最重要的，一切军国要务都不在眼下！

只尚清谈、不问世务的风习形成与"帝王将相亦向玄"有关。一次王羲之与谢安同登建康的冶城，谢安"悠然远想，有高世之态"，王羲之乘机规劝：古代夏禹治水，手足胼胝，文王天黑了才吃上一餐饭。今天出了建康就是敌人营垒，应当人人起来效命。虚谈废务，浮文妨要，恐怕不是今天要做的。谢安的回答却是：秦朝任用商鞅，二世而亡，难道是清谈造成的吗？将王羲之的规劝顶了回去。上有好者，下必有效者。清谈尚玄风气便自上而下地蔓延开来。

"迂诞浮华，不涉世务"有很大副作用。颜之推在《颜氏家训》中，用亲见亲闻的经历告知后世，萧梁侯景之乱中，平日高谈玄理的儒士，极度低能，"求诸身而无所谓，施之世而无所用"，只能怀抱珠玉等死。

重名轻实，以文为上

先举几个重名轻实的例子。

王子猷（王徽之）是王羲之的第五子，为东晋后期大名士、清谈家，桓冲让他当骑兵参军。一天桓玄问他：你在哪个衙门任职？王答：不知哪个衙门，但常见有马来往，大概与马有关。桓又问：衙门里有多少匹马？王答：我从来不过问马，哪里知道马的数量？桓接着问：马匹死了多少？王又答：未知生，焉知死？王子猷当了管马的官，连衙门叫什么都不知道，更不知所管马匹数量、生死情况，显然不称职。但他最后的回答却是《论语》中名句，又回答得很机智，显出了他卓荦不羁的玄士风度。

殷羡（殷洪乔）当豫章太守，返建康时，郡中人请他带信，到了石头城下，他竟将所带书信全投入水中，并说："沉者自沉，浮者自浮。殷洪乔不为致书邮。"为了维护其清贵身份，他决不愿为别人当免费邮差。

这批名士，整日饮酒、清

雪夜访戴图
元代画家张渥绘，描绘了东晋王徽之雪夜乘兴泛舟访老友戴逵，未登门而回之情形

谈，只求没有事物缠身。有位名士公开说："名士不须奇才，但使常无事，痛饮酒，熟读《离骚》，便可称名士！"他所谓当名士的条件，第一件就是"无事"。

具体事务中，名士们特别鄙视武人和武事。王敦和桓温虽是武将，却热衷与名士交往，拼命想挤进名士行列。《世说新语》记王敦少时，名士都瞧不起他，称他为"田舍儿"，他不服，一次朝会，他说他会打鼓，晋武帝命人取鼓槌给他。王竟"扬槌奋击，音节皆捷，神气豪上，旁若无人"，举座都惊，才"叹其豪爽"。桓温一直追随王导，与王蒙、刘惔交情很好，背地里，他们还骂他"老贼"！

萧齐时，沈文季是将门后代，地位显要。太子萧颐召集群臣谈边防，世家出身的褚渊便说：沈文季是将门之子，可委他守边防。沈知褚看不起他，便趁机说：褚渊自称是忠臣，我不知道他死后，有何面目去见宋明帝。原来刘宋时，宋明帝曾遗诏命褚辅助幼主，萧齐代宋，褚不仅帮萧道成称帝，还是授玺人。沈因褚讥他家是将门，故此反讽褚。褚渊瞧不起武职还有一例子。张欣泰之父在刘宋时任武职，少时，张欣泰去拜访褚渊，褚不问别的，只问："你的骑射如何？"显然在提醒张的武将家底。张受刺激，专意文史，结交名士，长大俨然是个儒士。齐武帝果然委了他文职，一改旧日门风。

当时官员任用也重文轻武，并形成惯例。一些官职如秘书郎、著作郎、黄门侍郎、散骑侍郎，只专门授予世家、名士，称"人门俱清，方可预清贵之选"。颜之推在《颜氏家训》中特写《诫兵》一篇，教导子孙千万不能参加"兵戎之事"，不仅危险，更有悖清高门风。

远离政治的高人、逸士们

两晋、南朝以世务为耻,玄言为高,重名轻实,此风气形成,便造成一批远离政治的高人、逸士。仔细分析,约有三种类型。

第一类,不甘心与丑恶政治同流合污,由政治圈内走向政治圈外。

嵇康、阮籍可称此类代表。他们原是魏的官吏,也曾有过政治理想。嵇康曾说过"故尧舜之君世,许由之岩栖,子房之佐汉,接舆之行歌,其揆一也",承认治世与避世都是一样的,即名教与自然并不完全对立。阮籍的《咏怀》诗更说"昔年十四五,志尚好学诗。被褐怀珠玉,颜闵相与期",《晋书》称"籍本有济世之志",是正确的。但只因司马氏的统治太黑暗了,所以他们才进入竹林,不与司马氏合作。

第二类,真正为了摆脱现实的羁绊,以求内心的平静和安宁,他们是真正的隐逸之士。

与嵇康、阮籍同时的孙登是此类人的代表。嵇康、阮籍都曾造访过孙登,其中以阮籍那次记载比较详细。阮籍在苏门山找到孙登,"见其人拥膝岩侧",向他询问黄帝、神农氏玄寂之道、三代之美,还有有为之教、栖神导气之术,孙登均不回答。阮籍下山,只闻孙登的啸声,"如数部鼓吹,竹谷传响"。孙登成为阮籍《大人先生传》中"大人"的原型。

像孙登那样隐居不出的高人还有一些,如南阳的刘驎之,他隐居岐阳,"衣食无常与村人共",与农村百姓共同过贫困生活。桓玄曾打算征他做长史,驎之的父亲说,若供官人所使,"非野人之意也"。还有阮裕,隐居会稽剡山,王羲之称之:"不惊宠辱,虽古之沉寂,何以过此?"南阳隐者有翟道洲、汝南有周子尚,周后来经庾亮说动出仕,周来劝说翟,"翟秉志弥固"。

第三类,早年借隐逸自抬身价,博取高名,为后来出仕创造更优越的条件。

竹林七贤中的山涛、王戎、向秀均属此类,东晋时的谢安更是此类中的翘楚。

谢安40岁前隐居会稽,《晋书·谢安传》称他"与王羲之及高阳许询、桑门支遁游处,出则渔弋山水,入则言咏属文,无处世意"。朝廷召他,他不出,以是"禁锢终身"。在禁锢中,仍在临安山中,"坐石室,临浚谷",赢得更大声望。以是有"安石(谢安字)不出,如苍生何"的美誉。当谢安41岁出山后,便出仕高官,由吴兴太守、侍中、吏部尚书直至太傅、宰相,对安定东晋政权起了重要作用。

当时不仅士大夫,就是僧侣、道士也通过隐逸来提高知名度。有个叫康僧渊的外国僧人,一开始没人知道他,他便在豫章郊外山水绝胜处建精舍,"闲居研讲,希心理昧",终于引起当地官员注意,"声名乃兴"。道士陶弘景隐居在庐山,他专司符箓,南齐时便与竟陵王萧子良及周围名士沈均、谢朓、任昉等"八友"交往,萧衍当时也是"八友"之一。当萧衍要取代南齐时,"弘景援引图谶数处皆成'梁'字,令弟子进之。武帝(萧衍)既早与之游,及即往后,恩礼愈笃,书问不绝,冠盖相望",以是被称为"山中宰相"。

名士们虽要远离政治,但政治偏偏要找他们。东晋及宋、齐、梁、陈五代交替,都是以禅位方式完成的,前一代玺印交接多由出身豪门的名士们来完成。宋代晋,由谢澹(谢安孙)授玺;齐代宋,由褚渊(褚裒五世孙)授玺;梁代齐,由王亮(王导六世孙)、王志(王导五世孙)授玺;陈代梁,由王通(王导九世孙)、王玚(王弘六世孙)授玺。他们都在"将一代家物与一家"过程中扮演了不光彩的角色。

2. 以自然、真情为最高的精神追求

如果说，隐逸、清高是整个社会的风尚，那么，名士们对自然和真情的追求，则反映了他们个人内心的精神世界也是多姿多彩的。

反对虚伪，热爱自然

反对虚伪，首先表现为一种泰山即倒不变色、荣辱之前处之坦然的气度。嵇康临刑东市，"神气不变，索琴弹之"是一种气度；裴楷被牵连入狱，"神气无变，举止自若"也是一种气度；顾雍在接到儿子死亡的信时，仍"神气不变"，只是掐掌，以致血流沾褥，同样是一种气度；桓温欲篡位，屡被谢安、王坦之所阻，桓温到建康欲杀二人，王坦之紧张得连手版都拿倒了，谢安却"神姿举动，不异于常"，终于逃过一劫，这更是一种气度和胆识。

荣辱不惊的例子，以王羲之为代表。郗鉴为当朝太傅，欲在王家

选婿。王导说：子侄们都在东廊，您可任意挑选。时王家诸郎，听说来选婿，各自矜持，只有王羲之，在床上坦腹而卧，好像没有事一般。郗鉴果然挑中了王羲之做女婿，这便是"坦腹东床"的故事。

不虚伪，还表现在任何情况下不矫揉造作。名士褚裒，当时名已显，地位却不高。曾乘一商船到钱塘亭，时逢县令送客，亭吏将褚赶至牛棚。县令偶问牛棚里是何人，亭吏回说是乡下人。县令喝了点酒，便追问褚：你叫什么名字？褚回答"河南褚季野"。县令一听大惊，当面"修刺诣公，更宰杀为馔"，痛打了亭吏。褚自始至终"言色无异，状如不觉"。

名士们的真率有时是出人意料的。王平子"高气不群，迈世独傲"，极为自负，但每次听卫玠清言，讲到妙处，会不顾身份，大声赞叹，身子随即倾斜倒下。前后三次，王平子便倾倒三次，以是当时人有"卫君谈道，平子三倒"的雅喻。这则雅喻到东晋时还在流传，王敦请卫玠清谈，王敦说，可惜王平子不在这里，不然要再次倾倒了。

在名士那里，对自然的热爱，已达到痴迷、忘我地步。人与自然亲近本是人的天性。孔子说"仁者爱山，智者乐水"，只是表达了仁者、智者对山水的态度，而没有将山水当作人的一部分。

两晋南朝，就完全改变了。他们对自然的爱已扩及自然的各方面。《世说新语》记载了简文帝司马昱的一件小事：在未登帝位前，他坐的床从不让人打扫，看见老鼠的行迹，反以为佳。手下人见老鼠白天在床上行走，便用手版将老鼠打死，司马昱很不高兴。梁昭明太子萧统与众多文士在湖中泛舟，这时有个皇族子弟提议，应召女伎奏乐助兴。萧统不理会，只吟左思《招隐诗》中两句："何必丝与竹，山水有清音。"萧统心中，自然的山水，要比任何丝竹更为动人。以上举的例子是帝王。在名士那里，对自然的热爱更为普遍，且举几例：

荀中郎（羡）在京口登北固望海，云："虽未睹三山，便自使人有凌云意。"

王司州（胡之）至吴兴印渚中看，叹曰："非唯使人情开涤，亦觉日月清朗。"

司马太傅（道子）斋中夜坐，于时天月明净，都无纤翳，太傅叹以为佳。谢景重在坐答曰："意谓乃不如微云点缀。"

郭景纯诗（《幽思篇》）云："林无静树，川无停流。"

阮孚云："泓峥萧瑟，实不可言。每读此文，辄觉神超形越。"

这里重点已不在于山水本身的美，而是山水中有他们的感情和思考存在，山水已是他们领悟人生的桥梁。

名士间还以是否爱山水进行比较。晋明帝问谢鲲：你比庾亮如何？谢鲲答：如讲端坐庙堂，使百官遵守规矩，臣不如庾亮；如讲对一丘一壑的了解和热爱，臣自以为过之。将对山水的爱提到与端坐庙堂同样高度，只有魏晋名士能做到。

名士们热爱山水并赋以自己思想的活动，莫过于著名的兰亭修禊。"修禊"为中国古代祓除不详的习俗，规定三月三日必到水边游嬉、采兰。永和九年（353年）三月三日，王羲之招集名士31人，聚会于会稽山阴

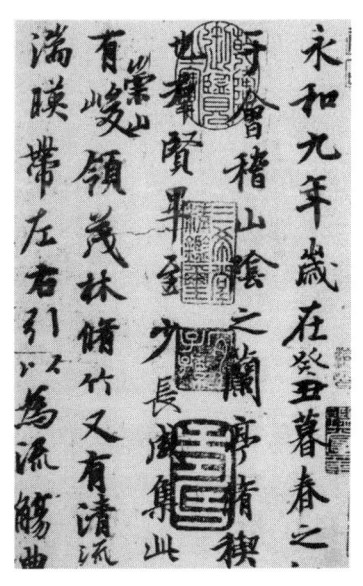

《兰亭序》（褚遂良摹《兰亭序》局部）
东晋著名书法家王羲之书

三　魏晋玄学与一代儒士的价值取向

（今浙江绍兴）兰亭，这里山环水绕，风景优美，名士们一觞一咏，畅叙幽情。这是一次典型的文人雅聚，与会的文人都有诗作，事后这些诗篇被汇编成集，王羲之写下著名的《兰亭序》作为其序言。

个性的张扬

儒学的衰微，封建礼教的松弛，为两晋南朝人的个性张扬鼓起了翅膀。阮籍大胆为嫂子送行，别人有闲话，他大呼"礼岂为我辈设也"；王戎的儿子死了，他很悲痛，山简跑去安慰，他丢下一句话："圣人忘情，最下不及情，情之所钟正在我辈。"一句"礼岂为我辈设也"，另一句"情之所钟正在我辈"，道出了竹林名士蔑视礼法，一应举动均从人的情感出发的豪放个性。

阮籍的母亲死了，他居然蒸了一肥猪，饮酒三斗，接着便是"直言'穷矣'！都得一号，因吐血，废顿长久"。某些正人君子曾诋毁他不孝，但阮籍何尝不悲痛，且恐怕悲痛最深。阮籍还会青白眼，看得上的人用青眼，若看不上，那就不客气，以白眼相待了。嵇康也是如此，人们熟知在锻铁炉前会钟会的事，最能反映他视富贵如浮云的倔强脾性。不顾礼法，率性而为，自然为世俗不容，但也有理解的。阮籍丧母时，裴楷去吊唁。只见阮籍"散发坐床，箕踞不哭"，裴楷按常礼哭吊而去。有人问裴：按礼，吊客进门，应主人先哭，客人才行吊礼，今日阮不哭，您为何先哭？裴楷的回答是："阮方外之人，故不崇礼制；我辈俗中人，故以仪轨自居。"裴楷是理解阮籍的。东晋时，又有人提阮籍喝酒一事，王忱笑道："阮籍胸中块垒故须酒浇之。"阮籍心中块垒，远非俗流所知，王忱可谓阮籍知音。有了理解者，有了知音，一代名士张扬的个性才不致被湮没。

个性还体现在对某件物品的特殊爱好上。如王羲之爱鹅，他见山阴道士有一笼鹅，洁白可爱，竟书写了《道德经》去换。他的小儿子王子猷爱竹，租人家小院住，还要命人在院里种竹，称"何可一日无此君"。陶渊明爱菊，有诗云："采菊东篱下，悠然见南山。"另一名士张湛喜欢在房前种松树养鸲。对某物的特殊爱好在名僧那里也有，如支遁爱鹤，支道林（支遁即支道林，是一人还是另有同名者，存疑）好马，

王羲之养鹅图
清代陈字绘

人称和尚养马，太无风韵，道林说：我爱马的神俊。王粲死，朋友来送葬，曹丕提议：王粲爱作驴鸣，我们在墓前各作一驴鸣送别。王粲的爱好可称别具一格。谁知东晋时又出现了爱作驴鸣者。名士王武子死，宾客会葬时，王的好友孙子荆来了，临尸痛哭，说：您生前喜欢我作驴鸣，今天我再鸣一次。不过此次效果不佳，宾客反倒笑了起来。

个性的张扬，首先在于发现了自己的价值。大名士王蒙临死时，在灯下，反复看自己清谈时常用的麈尾。自叹：这样的人，竟然活不到40岁！死后，他的好友刘惔很悲伤，将麈尾随棺下葬。一个人临死时反复看伴随自己一生、并为自己赢得极大荣誉的麈尾，感叹自己就这样告别人生，其痛苦是可想而知的，王蒙已认识到活在人世的价值。还有类似的例子。一次桓温与殷浩对答，桓问殷："卿何如我？"（您有哪一点像我？）殷答曰："我与我周旋久，宁作我！"（只有我最

了解我自己,我宁愿做我自己!)桓、殷二人都为东晋重臣,都是清谈家。他们间的对答,至少说明了东晋文士已充分认识了自我,所以他们的语言、行动才那么自信,充分向外界展露自己的个性。

对真情的歌颂

"情之所钟正在我辈。"王戎的话真切地表达了名士们对真情的体会。

阮籍母丧时的表现,是他对母亲真挚感情的流露。夫妻之情的深厚,可以荀粲事例为证:荀粲与妻子感情很深,冬月,妻子得了热病,荀粲在院子里将自己冰透,来降低妻子的体温;妻子死后,荀粲也死了。荀粲的妻子长得很美,荀粲公然说:女子不必要她的德,而应以色为主。这是句石破天惊的话,荀粲是名士中第一个公开站出来说评价女性要以色为主的人。

更多故事是叙述友朋之情的。两晋时,名士贺循进京,经过吴郡阊门,在船中弹琴,被当地名士张季鹰听到,两人本不相识,张也不告知家中,便随船北上,成为好朋友。另一故事也发生在张季鹰身上。他的好朋友顾彦先去世,张去凭吊,因顾生前爱琴,家人将琴置于灵床上。张进顾家,径直上灵床,鼓琴数曲,说:"顾彦先,您欣赏这几曲吗?"痛哭而别,连孝子的手也没碰一下。

还有一种情是对老人的怜悯之情。谢安七八岁时,父亲谢裒当县令,有一老翁犯法,谢裒罚老翁喝酒。谢安坐在哥哥旁边,心中不忍,对哥哥说,老人可怜。谢裒听后,立即将老翁放走。

对动物有仁爱之情。桓温征蜀时,过三峡,有军士抓到小猴,母猴在崖上哀叫,跟船百里,跳上船后便死去,剖开母猴腹部,见肠子寸寸都断。桓温听说这事,立即将捕小猴者斥革出部队。

这时人们对真情的认识,已达到很高标准。阮籍为不相识邻家女吊丧,大哭而去,因为邻家女很美;醉卧在美貌的卖酒妇旁,卖酒妇的丈夫也很理解。这就是超过一般男女情爱的另一种爱。所谓"爱美之心,人皆有之",在阮籍看来,美并不是要索取占有,而是应欣赏,由欣赏而产生的情,才是人间真情。

美也能化解妒意,使对立的一方产生怜惜之情。桓温平蜀后,娶了李势的妹妹为妾。事情被桓温的妻子(一位公主)知道后,妒意大发,带了数十婢女拔刀来砍杀。当时,李势的妹妹正在梳头,"发委及地,姿貌绝丽,肤色曜玉,不为动容,徐徐结发,敛手向主(公主),神色闲正"。故事结局完全出人意料,公主竟掷下刀,抱住李势的妹妹,说:"见了你,连我都动了怜爱之心,何况老奴(指桓温)!"

这个近乎戏剧的故事,发生在两晋南朝,一点也不奇怪。这个时代,朝代更迭频繁,血雨腥风。由玄风所致,人性上产生了奇妙变化,于是我们看到了这样的记载:

> 桓子野(尹)每闻清歌,辄唤奈何,谢公(安)闻之曰:"子野可谓一往而有深情。"
>
> 王长史(蒙)登茅山,大恸哭曰:"琅邪王伯舆(歆),终当为情死!"

"一往而有深情","终当为情死",大约是名士们的一种追求吧。名士们对真情的追求也影响到女性。西晋时,贾充因帮助司马氏父子夺得曹魏政权而得大用,其女为惠帝皇后。这位权倾一时的权臣,偏偏生了个既多情浪漫,又主张婚姻自主的女儿。贾充手下有个司空掾韩寿，人长得英俊，又会武功。一次宴会上，贾女从窗外偷看，看中了韩寿，于是派侍女赴韩家，说动韩寿。两人"潜修晋好，厚相赠给"。韩寿每晚逾墙而入，一直到贾充发现女儿"悦畅异于常日"，又嗅到韩寿身上有异香，此香为惠帝所赐，只有他家有，于是东窗事发，拷问左右，方得真相。贾充只得悄悄地将女儿嫁给韩寿，这便是"韩寿偷香"的故事。

女儿择夫的事，并非只出现在贾充府中。时燕国徐邈家中有位才貌双全的女儿未出嫁，徐邈"乃大会佐吏，女自内观之，女指王濬告母"，徐邈遂将女儿嫁给王濬。

上面两个故事都出自正史《晋书》，可见不虚。又有王安丰妻子常呼安丰为"卿卿"（晋时对人的一种爱称）。安丰说，妇人叫丈夫卿卿，

谢道韫
魏晋时期才女，其父是晋安西将军谢奕，其夫是江州刺史王凝之

于礼不合。他妻子偏偏不理会他,说:"亲卿爱卿,是以卿卿;我不卿卿,谁当卿卿?"女性对丈夫的情爱,在当时竟也敢表露得如此大胆。

有的女性还大胆地与未婚夫理论,争取自己的权利。阮卫尉家有女儿许配给名士桓范,因此女长得丑,桓范一见便要走。阮女立即阻拦,桓范很恼怒,问:"妇有四德,您有几样?"阮女反问:"士有百行,您有几样?"桓大言不惭地说:"我百行俱备。"阮女说:"我只缺少一样:容貌;可您,百行德为先,您却好色不好德,还说什么'百行俱备'!"桓范被问得说不出话来,面有惭色,"遂相敬重",阮女终于挽回了自己的婚姻。

魏晋时,大家族中,女性都能受到良好教育,往往出言不凡,成为一代才女。谢安的侄女谢道韫便是一例。其比喻骤雪纷飞的"柳絮因风起"一句,不仅赢得谢安称赞,还是流传千古的名句。

小知识◎璧人卫玠

卫玠少年时，姿容秀美，乘车进都市，路人惊呼："谁家璧人！"年长，通《老子》《庄子》，因体弱，很少清谈，但每一次参与，总让人折服，王平子因此绝倒。时称"卫君谈道，平子三倒"。南渡后，赴豫章，观者如堵，月余便亡，有"看杀卫玠"之说。

◎兰亭修禊

修禊为中国古人在水边祓除不祥的传统。永和九年（353年）三月三日修禊日，王羲之邀名士31人集于会稽山阴兰亭，在曲水流觞之中，极畅叙之乐，共作诗26首。王羲之亲自书写《兰亭序》，此文成为我国书法中珍品。"兰亭雅集"被誉为我国文坛佳话。

◎道韫咏雪

谢道韫为谢安侄女。一次雪天谢安召集子侄议论文史，俄尔雪骤下。谢安问："白雪纷纷何所似？"一个侄子胡儿（谢朗）说："撒盐空中差可拟。"谢道韫笑道："未若柳絮因风起。"谢道韫后嫁给王羲之的次子王凝之。

3. 新的美学观及其在文学、艺术上的贡献

玄学既已为广大文士接受，个人主义的世界观便在他们头脑中建立，他们必然以此来审视世间万物。文化、艺术作为他们的传统领地，也必在他们的观察范围。于是新的美学观产生了，由此诞生了面目一新的诗歌、书法、绘画作品。魏晋南北朝时期文化、艺术上的突出成就，成为中国文艺宝库中最绚烂瞩目的篇章之一。

以个体感受代替社会感受的美学标准

什么是好的、美的作品，魏晋之前的正统儒学家是有他们一定之规的。以《诗经》的第一首《关雎》为例，此诗明明写普通百姓男女间的情爱，但汉代经学大师匡衡却说是赞美周文王如何道德高尚、夫人姒氏性格如何贞淑，因而相匹配的故事。所谓"不形于动静，夫然后可以配至尊"，不仅更改了主人公身份，更将封建道德强加于原诗。

通过口口相传的经师传授，让全国读书人接受，形成共识。由此，那时作品的好坏、美丑，乃至一切事物的好坏、美丑，只有一个共同的、社会普遍认可的道德标准。

玄学家们对这个标准提出了异议，他们以个人感受向人们宣示：这才是真正的美。

对自然界的山水，他们以"玄意对山水"（孙绰《庾亮碑文》）后，山水竟如此美妙：

> 顾长康（恺之）从会稽还，人问山水之美。顾云："千岩竞秀，万壑争流。"
>
> 王子敬云："从山阴道上行，山川自相映发，使人应接不暇，若秋冬之际，尤难为怀。"

这是对会稽山阴（今浙江绍兴）一带山水的最好描绘。顾恺之是实写，王子敬不仅有实写，而且有想象，两人均是发自内心的。

山川之美吸引他们，一座名园、一片竹林也引起他们无尽遐想。

王子敬知道吴郡顾辟疆家有名园，他并不认识顾，乘顾家宴客，闯了进去。游览既毕，旁若无人地指点起来。主人气急，赶他走，他还回首观望。王子猷过吴中，见一士大夫家有好竹，主人知道这位大名士要来，洒扫铺设，王子猷也不与主人打招呼，便"径造竹下，讽吟良久"，看完便直接出门。这次主人不干了，将园门关上，王子猷只得留坐。子敬、子猷都是因爱园、爱竹才去游园、观竹的。在他们看来，个人对美的追求已经达到，便没有理由再留下来了。相似的还有著名的王子猷雪夜访戴逵的故事，全文如下：

> 王子猷居山阴,夜大雪,眠觉开室命酌酒,四望皎然。因起彷徨,咏左思《招隐诗》。忽忆戴安道,时戴在剡,即便夜乘小船就之。经宿方至,造门不前而返。人问其故,王曰:"吾本乘兴而行,兴尽而返,何必见戴?"

这则故事周围景物是美的:雪夜、小舟;行动目的是温暖的:访友。王子猷追求的,就是这个美好意境。待这个过程结束了,见不见戴迹也不重要了。这则故事告诉我们,美就是个人的感受,美的追求是过程,是内心体验。

上述流传的晋人故事告诉我们,魏晋人的美,就是摆脱一切外在的、强加的条条框框束缚的、个体感受的美。美的个体标准就此取代了统一的、格式化的社会标准。

文学上的成就及文论的繁荣

魏晋南朝时期,文学上首屈一指的成就,是这时田园诗和山水诗的兴盛,诞生了一代田园诗人陶渊明和山水诗人谢灵运。

陶渊明(365?~427年),名潜,字元亮,浔阳柴桑(今江西九江市西南)人。其曾祖父为东晋大司马、大将军陶侃,到父辈家道已中落,本人只做过参军、县令之类的小官。当彭泽县令时,因"不为五斗米折腰"而解印绶,躬耕田园,与老农为伍。

他告诉人们,他最爱的是大自然:"少无适俗韵,性本爱丘山。误落尘网中,一去三十年。"现在终于回归田园:"开荒南野际,守拙归田园。方宅十余亩,草屋八九间。榆柳荫后檐,桃李罗堂前……

陶渊明

陶渊明（365？～427年），字元亮，号五柳先生，世称靖节先生，入刘宋后改名潜。东晋末期南朝宋初期诗人、文学家、辞赋家、散文家。浔阳柴桑（今江西九江市西南）人。作品有《饮酒》《归园田居》《桃花源记》《五柳先生传》《归去来兮辞》《桃花源诗》等

久在樊笼里，复得返自然。"在田园中他如此悠闲自得："结庐在人境，而无车马喧。问君何能尔，心远地自偏……此中有真意，欲辩已忘言。""真意"是什么？"欲辩已忘言"，大有"言不尽意"的味道。陶渊明还写过有名的《桃花源记》。他写桃花源中没有战争，没有官府的剥削压迫，过的是自耕自食的乐天生活。这不是《老子》里描写的"小国寡民"吗？陶渊明的诗作，证明了他不愧拥有"古今隐逸诗人之宗"的称号。

谢灵运（385～433年），陈郡阳夏（今河南太康）人，后移籍会稽，为淝水之战名将谢玄的孙子。他性好山水，在任永嘉太守时曾游遍境内山川，登山时特制一种木屐，人称"谢公屐"。他极善于刻画景物，如"密林含余清，远峰隐半规"，"云日相辉映，空水共澄鲜"，都是名句。特别是《登池上楼》中的两句："池塘生春草，园柳变鸣禽。"

谢灵运
谢灵运（385～433年），陈郡阳夏（今河南太康）人，又名谢客、谢康乐，曾任参军、永嘉太守、临川内史，南朝宋诗人，山水诗的开创人

不只将自然界变化在诗中写出，而且有一种玄思在。有人拿他与同时的著名诗人颜延之相比，"谢诗如芙蓉出水，颜诗如错采缕金"。颜诗以雕琢著名，而谢诗却处处体现自然之美。谢灵运还写过一篇《山居赋》，表露他"夫道可重，故物为轻；理宜存，故事可玄"，告诉人们，他之所以寄情山水，骨子里还是玄。

玄学的发达还直接影响到诗歌中的"游仙体"和玄言诗的产生。"游仙体"由阮籍、嵇康首开其端，其次是郭璞。玄言诗以孙绰、许询的诗最风行。这类诗是有局限性的，特别是玄言诗。正如刘勰在《文心雕龙》中说的："自中朝贵玄，江左称盛。诗必柱下之指归，赋乃漆园之义疏。"有人不客气地说，读这些诗就像读老子《道德经》，成了经文和解语的连缀，诗味很寡淡。

魏晋南朝是文学理论产生的高峰。魏时有曹丕的《典论·论文》，西晋有挚虞的《文章流别志论》和陆机的《文赋》。成就最大的当推南朝刘勰的《文心雕龙》、钟嵘的《诗品》。

《文心雕龙》共50篇，全用骈体文写成，以这样的文体写文学理论，准确表达自己的观点，可见刘勰是文章高手。《文心雕龙》首谈《原道》即作文指导思想："辞之所以能鼓天下者，乃道之文也。"这便是"文以载道"的由来。他的"道"无疑是儒家的圣人之道。但他很懂得文学创作的规律，他说"人禀七情，应物斯感，感物吟志，莫非自然"，又说"情以物迁，辞以情发"，只有被感动了，作者才能写出好作品来，他还对西周以来各代作品作了批判性总结。当时大家沈约很看重此书，认为"深得文理"。

钟嵘的《诗品》，对汉至梁共122位诗人作品，一一进行品评，将其分为上、中、下三品。他的分品未必恰当，如陶渊明仅列中品，曹操列下品。但他对诗歌创作的主张，如诗应"开之风力，润之丹采"，应"直寻"自然，"穷而后工"，还是很有见地的。他反对南朝诗人过分讲求声律，将许多人的作品列为中品，批评得很直率。《文心雕龙》《诗品》的文学主张，有受玄学之风影响的一面，但总体上并不接受玄学，对玄学派的作品还有所批评，这是两部著作在文学批评史上能独树一帜的原因。

书法上的成就及书论涌现

近人康有为在《广艺舟双楫》中说："书以晋人为最工。盖姿制散逸，谈锋要妙，风流相扇，其俗然也……加以崇尚清虚，雅工笔札，故冠绝后古，无与抗行。"道出了这时书法与玄风流行的关系。

晋人书法中最杰出的代表是王羲之、王献之父子。王羲之

(307～365年），字逸少，出身东晋豪门琅邪王氏，他本人是王导之侄，做过右军将军，以是称"王右军"。他少好玄学，常与谢安、孙绰、许询、李充、支遁等名士、僧人一起清谈。他的书法，上承钟繇、张芝，又有创新，人称"飘若浮云，矫若惊龙"，又称"如龙跳天门，虎卧凤阁"。到他这里，中国书法开一代新风，以是有"书圣"之誉。王献之，字子敬，为王羲之第七子，他的书法不弱于王羲之，与其父并称"二王"。齐王僧虔说："变古制，今惟右军、领军（王献之做过领军将军），

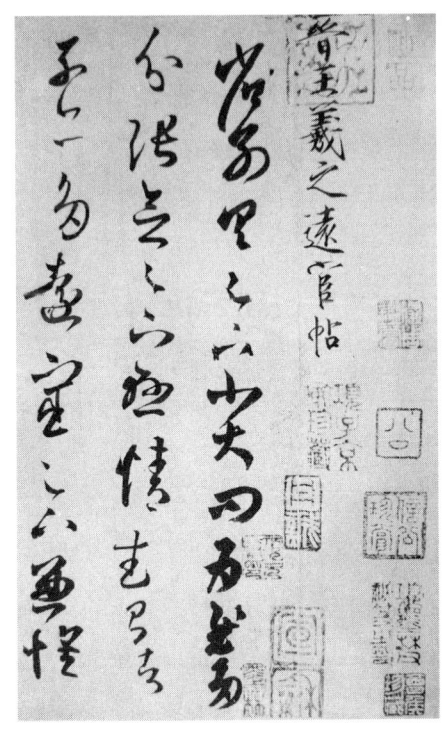

王羲之书法《远宦帖》

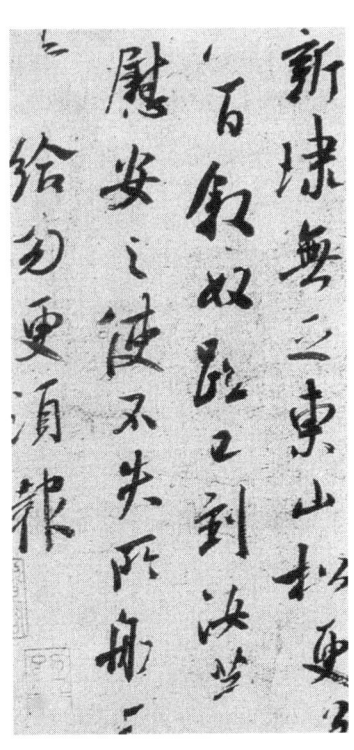

王献之书法

不尔，至今犹法钟、张也。""二王"书法与魏晋玄学有割不断的联系，他们的作品飘逸、灵动，又不失其豪迈之气，一改汉魏凝重的旧面貌，正是其时代文士追求精神解放的体现。在两人带动下，出现了一大批书法家，有的还是书法世家。除王氏之外，还有庾氏、谢氏等，一些帝王也好书法，如宋文帝、齐高帝、梁武帝等。

这时还涌现了众多的书论，有西晋卫恒的《四体书势》，卫夫人的《笔阵图》。王羲之、王献之、王僧虔都有论书法的著作，后收于《书法钩玄》一书。

绘画上的成就及别开生面的画论

魏晋南朝又是中国绘画勃兴的年代。唐张彦远《历代名画记》收录从魏晋到南北朝的画家共128名，其中北朝仅有20人，绝大多数为魏、两晋、南朝人。其中著名的有曹不兴、卫协、陆探微等，最拔尖的要数顾恺之。

顾恺之（约345～409年），字长康，晋陵无锡（今属江苏）人。他的画当时评价就很高，谢安称之"有苍生来所无"。他还能诗善文，为人充满趣味。一次他送桓玄一柜画，桓将画取出，封后送还。他开柜后发现画已全失，他说是画妙通神，已羽化而去。一天晚上他在月下吟诗，谢瞻隔墙称赞，他兴致更高。谢瞻熬不下去便睡了，但派个人继续称赞他，顾未察觉，直至天亮。当时人称他有三绝：才绝、画绝、痴绝。他以画人物最擅长，能捕捉人的特点。他认为人物画中最难画的是眼睛，因此画完后数年不点睛，人问他缘故，他说："传神写照，正在阿堵中。"他画裴楷的像，在面颊上增添三根毛，人们看过后，认为有了三根毛，更像裴楷本人了。他的传世画作《女史箴图》（摹本）

极有神韵。

山水画，因受玄学影响，开始兴盛。顾恺之写了《画云台山记》，这是中国最早的记述山水画的论文，但真正的以山水画为对象的画论要推晋宋之际宗炳的《画山水序》和王微的《叙画》。宗炳的《画山水序》阐发了画家绘画的旨趣是，"山川，质有趣灵"，要做到"神超理得，虽复求幽岩，何以加焉"？强调自然山水与人心灵相通的玄趣。王微的《叙画》谈到山水画可以使"形者融灵，而动者受心"，达到"望秋云，神飞扬；临春风，思浩荡"的效果。两人的画论，从另一角度反映了玄学对自然的态度。

顾恺之
顾恺之（约345～409年），字长康，小字虎头，晋陵无锡（今属江苏）人，东晋画家

谢赫的《古画品录》虽以品评画家及作品为宗旨，但他首创绘画"六法"，在中国画史上留下了不可磨灭的贡献。"六法"中强调了"气韵"与"骨法"，这二者都来自魏晋品鉴人物的用语，可见这时艺术作品的品评，接受了玄学某些标准。

小知识◎恺之三绝

顾恺之又名顾虎头,为东晋著名画家、诗人,善清谈,性幽默,有才绝、画绝、痴绝之称。他最擅长画人物,有《女史箴图》(摹本)传世。

《女史箴图》(摹本,局部)

4. 走向反面

魏晋玄学诞生和发展的年代，是中国中世纪政治上最黑暗、统治者生活上最腐朽的时代。玄学人士既然是封建统治者一员，当权者的贪婪无度、骄奢淫逸，必然影响到玄学家。另外，魏晋玄学并不是一种科学思想，由于道家思想的摄入，社会风气向清玄的转变，有些玄学家的确比较清廉，道德高尚，《世说新语》中《德行》《方正》诸篇就记录了他们的言行，但《世说新语》同时又有《汰侈》《俭啬》乃至《谗险》诸篇，反映了玄学人士的另一面。可见玄学并不能规范玄学家本人的道德品质。

贪鄙与吝啬

玄学名士中既贪鄙又吝啬的，当首推王戎。王戎曾涉足竹林，为七贤之一。阮籍、嵇康最看不起的就是王戎，称他为"俗物"。但王戎早年却以清廉著称。他出身琅邪王氏，是两晋数一数二的大豪族，

金谷园图

清代华嵒绘。描绘的是西晋富豪石崇在金谷园中与歌妓绿珠吹笛寻欢的场面。金谷园是西晋富豪石崇的别墅，故址在今河南洛阳西北

父亲王浑做过凉州刺史，浑死后"故吏赙赠数百万，戎辞不就，由是显名"。成名后，他投靠司马氏，青云直上，做到司徒，位列三公。《世说新语》说他"既贵且富，区宅僮牧，膏田水碓之属，洛下无比"。即使如此，他和夫人每天还要在灯下数筹算计。他家园中有好李，卖的时候要钻去核，为的是怕人得到种子。他极吝啬，侄子结婚，送一单衣，婚后即讨还。他女儿嫁给裴颜，裴家向他借过钱，女儿回娘家，王戎总是拉着脸，女儿明白，赶紧还了钱，王戎才高兴起来。后来，王戎贪，其妻郭氏更贪。王戎假装清高，口不言"钱"字，郭氏故意将钱绕床堆放。王戎晨起，果真大喊"快将阿堵物拿走"（"阿堵"是晋时口语，意为那东西）。

与皇帝外甥王恺斗富的石崇，人们只以为他是个大贪官，其实石崇早年与王敦同游太学，又广交文士，自己亦能写文章。他曾在自己修筑的金谷园中宴集宾客，并赋诗，事后他亲自写《金谷诗序》。今传其片段，亦有"清泉茂竹……其为娱目欢心之物备矣"，宾客们"登高临下，或列坐水滨"，"感性之不永，惧凋落之无期"，其文对生命无常的感叹，竟与王羲之《兰亭序》大致相同。无怪乎，王羲之写成《兰亭序》后，大有与石崇一较高下之意。就是这个充满玄意的《金谷诗序》的作者，为积累财富，贪鄙得命人劫掠客商，残酷得命美人劝酒，客不饮，即斩美人头。

即使是大名士，只要有一定地位，生活都极声色之好。王导是个出了名的节俭的人，但经常要歌妓相陪；谢安在会稽隐居时也蓄家妓，简文帝正是从谢安的生活小事上判定他必定会出山。

服食与鬼神信奉

中国道家思想中，包含了珍贵的养生思想，魏晋玄学的正始、竹林时期，玄学家吸收了道家思想，也接受了道家养生观，并做了进一步系统化的工作。嵇康的《养生论》《答难养生论》和向秀的《难养生论》，向人们阐述了为什么养生，养生要克服哪些困难，避免哪些错误，及如何养生诸问题。他们的养生思想是在求做神仙不成的现实情况下，寻求如何延续生命的办法，是生命感悟的另一体现，正如郭象《庄子注》中说的"夫养生非求过分，全理尽年而已"。他们的养生思想有积极的一面。但他们又提出服食可延年的办法并身体力行，对后世产生了一定消极影响。

嵇康等人服食的方子主要是"五石散"，又名"寒食散"。五石指的是白石英、紫石英、石钟乳、赤石脂和石硫黄。据今天的药理学研究，上述五石并无毒。据文献记载，初服此散，对消化功能会有一定改善，且使人面色红润、精神焕发，因此何晏会说，"服五石散，非惟治病，亦觉神明开朗"。但服久，便会慢性中毒，体内发热，肤裂如火烧。发散时要用凉水浇，喝热酒，到野外让冷风吹，严重的会导致死亡。因此我们看到玄学之士无不宽衣大袖，披头散发，嗜酒如命，到野外乱跑。由于"五石散"药材很贵，服散成为身份的象征。药力发作时"发散"，还可成为不奉皇帝诏命的借口、居丧无礼的理由，甚至成为逃祸的法门。王戎因卷入"八王之乱"，险遭杀身之祸，幸亏他假装药发、掉入厕所逃命。服散之风传到北朝，北朝士大夫也都服散。

当时服食的不只是矿物类的"五石散"，还有许多植物。《颜氏家训》便记一名叫王爱州的士大夫,因服松脂,不知节度,肠塞而死,"为药所误者甚多"。

在《庄子》那里,世上除"圣人"外,还有"神人""真人""至人",这就给世人以想象空间。玄学家们对世间有无神仙是存疑的,但他们的诗文中,总有王子乔、赤松子、西王母、河上等传说中神仙的影子,有时还仿佛与他们同游。这既是诗人浪漫主义的想象,也折射出他们厌弃黑暗、对光明的向往。他们这种对神仙、鬼异世界的朦胧意识,却给道教的得道升天、佛教的积善成佛之类的迷信宣传创造了条件。东晋、南朝的儒士们,其中不乏清谈名士,信佛的、信道的不在少数。有的整个家族都是道教信徒,如王导家族,包括王羲之、王献之等都信奉道教,陶渊明家族也是如此。信佛的也不少,萧梁时围攻范缜"神灭论"的人,多是朝中名士。在一片鬼神信奉的空气中,玄学所起的消极作用是不容置疑的。

从至虚、顺情到肆情放荡

魏晋玄学发展到郭象的"独化",业已解决了名教与自然的矛盾,但是否一切问题已化解了?没有。元康之士南渡,他们带来的放达之风仍在部分士人中流行,上层统治者仍过着奢侈荒淫的生活,两者都要在玄学中寻找根据。张湛《列子注》的出现,就成为他们行为的注脚。《列子注》的出现,同时也宣告魏晋玄学走到了历史尽头。

张湛(约330～400年),字处度,高平(郡治在今山东巨野南)人。他的《列子注》,历来多有争议。列子名列御寇,为先秦诸子之一,传有《列子》一书,但早已失传。今天普遍的看法是,经过张湛整理的《列子》,反映的多是晋人思想,"注"文则是张湛作的。

《列子》和它的"注",有以下几点值得我们关注:

第一,世界是"至虚"的。张湛在《序》里交代了全书的宗旨:"其书大略,明群有以'至虚'为宗,万品以终灭为验。"只要顺性则"所之皆适,水火可蹈,忘怀则无幽不照"。他认为王弼的"贵无"尚不彻底,因为有生无,无生有,仍嫌"滞"(不通畅),只有"至虚"才彻底。他似乎不理解"贵无""崇有"中的"无""有"不只是指具体事物,而且有哲学上的本体论性质,他要一概实体化。在他看来,人总是要死的,人死后,一切的一切统统没有了,这才是"至虚"。"至虚"是《列子注》一书的出发点。

第二,"顺性"论。张湛认为人天生就有一种性,"禀生之质,谓之性"。世上万事万物也都有性,只要"顺性"云就能在天上飞,鱼就能在水里游,人能"顺性",便能"神足气和,所乘皆顺"。

第三,"肆情"说。人要"顺性",那人性是什么?他总结出人性就是"好逸恶劳,物之常性"。因此一切美好的食物、衣服、颜色、声音,人都应"肆情"享用,不要受仁义、礼教束缚,更不要考虑身后声名,才不辜负人的一生。

在《杨朱》中,作者用寓言故事进一步点明了"肆情"的内容。

晏平仲问养生于管夷吾。管夷吾说:"肆之而已,勿壅勿阏。"具体地说,"恣耳之所欲听,恣目之所欲视,恣鼻之所欲向,恣口之所欲言,恣体之所欲安,恣意之所欲行"。如是下去,一日、一月、一年,便是最好的养生。如不这样,就是堵住了人的耳、眼、口、鼻,不让人的本性发挥,痛苦地希望长生,就算活百年、千年、万年,也不是养生。

另一则讲公孙朝、公孙穆两兄弟,一好酒,一好色。好酒的达到"水火兵交于前,弗知也";好色的,"比房数十"都是绝色美女,本人"以昼是夜，三月一出，意犹未惬"，极尽纵欲之能事。

上述故事中人物无不肆情放荡，为什么这样？《杨朱》以舜、禹、周、孔四圣人与桀、纣二恶人作对比，"彼四圣虽美之所归，苦以至终，同归于死矣。彼二凶虽恶之所归，乐以至终，亦同归于死矣"。圣人与恶人都要死，都会变成一堆腐骨，那还有什么区别呢？所以《杨朱》劝人们应"纵性而游，不逆万物所好，死后之名非所取也"。大家一起纵欲吧，享乐吧，放荡吧，"死后声名谁管得，管他春夏与秋冬"！这就是《列子注》要告诉人们的。

须加说明的是，杨朱确有其人，为先秦诸子之一，但他的著作并未传下来，《列子·杨朱》反映的应是晋人思想。总之《列子注》一书确为魏晋玄学中放达一派找到了纵情恣欲的理论依据，也是两晋南朝贵族极端腐朽生活的反映。

张湛的《列子注》的出现，标志着魏晋玄学已走向末路；但它毕竟向人们提出了人的生命价值应如何体现的问题，文中出现的人的性情问题也有一定的理论价值，因为佛教和后来的宋明理学都对此展开了进一步讨论。

结语

简释"清谈误国"

人们常说"清谈误国",那么,"清谈"是否会"误国"?以此评价魏晋玄学是否恰当?值得我们作一点讨论。

人们谈论的"清谈误国",包含有两个层次的含义,一个层次是仅就两晋南朝具体的政治、军事事务而言的,另一个层次是对魏晋玄学的整体评价而言的。

就第一个层次而言,在不同的人身上,会产生不同的情况、不一样的后果。如前所举王澄、王子猷的例子,一生只善清谈,对自己应管事务,一概不闻不问,那是要误事的。王澄、王子猷仅是误事的例子,更有误国的例子,人们常举西晋王衍被石勒所害,临死前讲的话:"呜呼!吾曹虽不如古人,向若不祖尚浮虚,戮力以天下,犹可不至今日。"以清谈中人的话来证实"清谈误国",似乎言之凿凿,很难推翻。类似的,我们还可举东晋的殷浩和谢万。两人都是清谈家、大名士,殷浩主持了永和八年(352年)的北伐,谢万主持了升平三年(359年)的北征,结果都大败而归。两人的恃才傲物、不懂军事、鄙视士卒,都造成了他们的误事、误国。

然而，清谈在不同的人那里，并没有造成误国、误事的后果。我们且以王导和谢安为例。他们一个稳定了南渡后的政局，为东晋及南朝奠定了中原王朝在南方统治的基础；一个主持淝水之战，瓦解了桓温篡权的阴谋，维护了东晋后期统治。他们都称得上朝廷柱石，一代政治家。他们又同时是著名的清谈家，他们在建康的府邸还一度是清谈的中心。因此，问题的关键不在清谈，而是在将清谈放在什么位置上，是否将清谈与军国政务相对立。王导和谢安将两者处理得很得当，政治家和清谈家这两个身份，他们都能应付裕如，而且通过清谈，团结了名士和世家豪族，对稳定朝局也产生了积极效果。"清谈误国"即使针对两晋南朝的政治、军事而言，也应分别不同的人、不同的情况，作具体分析，不能一概而论。

至于"清谈误国"的另一层含义，是对魏晋玄学的整体评价而言的，那更不妥当了。

首先，"清谈误国"本身便是旧史家对两晋南朝历史的错误总结和概括。如顾炎武说："名士风流，盛于雒下，乃其弃经典而尚老庄，蔑礼法而崇放达……自此以后，竞相祖述……以至国亡于上，教沦于下，羌戎互僭，君臣屡易，非林下诸贤之咎哉？"将少数民族进入中原，乃至朝代更替的原因，统统都记到了魏晋玄学身上，这显然是不公正的。正如近代国学大师章太炎说的，五朝所以不竞，是另有原因的，"不在玄学"。旧史家"徒以江左劣弱，言治者必累摧折之，不得其征，即以清言相状，又往往訾之名士，云尚辞不尚责"。他们无法找出历史变迁的真正原因，才将"清言""名士"们推上了历史审判台，清谈成了替罪羊。

其次，持"清谈误国"论者，只看到少数清谈家的放达言行和贪鄙行为，而漠视了整个社会由清玄世风带来的积极影响；只看到某些玄士的过分举动，而忽略了统治者的荒淫无耻不止超过玄士百倍、千倍；他们更没有将两晋南朝的士风、士习与前朝后代进行比较，所谓"世人以东汉贤于南朝，犹失其实，至乃尊唐而贱江左"，这种做法，"直以国势盛衰论民德，是非淆乱，一至是乎"？章太炎的反问是有道理的。就魏晋玄学整体而言，放达之士的作为，不过是玄学中的一小部分；从中国历史发展的长河来看，其所占比例更小；也不存在比汉、唐统治者更为越轨的地方。可是为什么持"清谈误国"的人非要执其一点而不及其余呢？

再次，持"清谈误国"论者更忽视了一个不容争辩的事实，即魏晋南朝，是玄学发展期，正是这时的玄学，才使广大知识界在思想上得到最大的释放，造就了一批文化精英，诞生了为世瞩目的文化艺术精品，其成就是不可低估的。"魏晋风度"一词不仅指特定时间的知识阶层的风格、气度；在后世，我们在李白、苏东坡、关汉卿、李贽到曹雪芹等文化巨匠身上，同样可以找到"魏晋风度"的影子。所以它实际上已成为中国文人突破旧思想、创造新文化的独特气质的组成部分，更不能忽视。关于这些，从20世纪至今，无数专家经过潜心研究，已达成共识。这岂又是"清谈误国"这四个字能掩盖得了的！

所以，"清谈误国"只适用于两晋南朝时某些层次的部分人身上，而不能扩及全部，更不能用于对整个魏晋玄学的评价。

图书在版编目（CIP）数据

走进魏晋：玄学面面观 / 冯祖贻著. — 郑州：中州古籍出版社，2015.10
（华夏文库）
ISBN 978-7-5348-5428-6

Ⅰ.①走… Ⅱ.①冯… Ⅲ.①玄学–研究–中国–魏晋南北朝时代 Ⅳ.①B235.05

中国版本图书馆CIP数据核字（2015）第172475号

华夏文库·儒学书系
走进魏晋：玄学面面观

总 策 划	耿相新　郭孟良
项目统筹	单占生　萧　红（执行）
责任编辑	梁瑞霞
责任校对	岳秀霞
美术编辑	曾晶晶
版式设计	曾晶晶
封面设计	新海岸设计中心
责任印制	刘新毅

出　版	中州古籍出版社
	地址：河南省郑州市经五路66号
	邮编：450002
	电话：0371-65788808　65788179
经　销	新华书店
印　刷	河南新华印刷集团有限公司
版　次	2015年10月第1版
印　次	2015年10月第1次印刷
开　本	960毫米×640毫米　1/16
印　张	7印张
字　数	60千字
定　价	18.00元

本书如有印装质量问题，由承印厂负责调换